信息管理基础

何计容 ◎ 主编

吉林出版集团股份有限公司

图书在版编目（CIP）数据

信息管理基础 / 何计容主编 . — 长春 : 吉林出版
集团股份有限公司，2020.6
　ISBN 978-7-5534-4181-8

　Ⅰ . ①信… Ⅱ . ①何… Ⅲ . ①信息管理 Ⅳ .
① G203

中国版本图书馆 CIP 数据核字（2020）第 098593 号

信息管理基础

主　　编　何计容

责任编辑　王　平　李晓华

封面设计　林　吉

开　　本　787mm×1092mm　1/16

字　　数　220 千

印　　张　10

版　　次　2021 年 6 月第 1 版

印　　次　2021 年 6 月第 1 次印刷

出　　版　吉林出版集团股份有限公司

电　　话　总编室：010-63109269
　　　　　　发行部：010-82751067

印　　刷　炫彩（天津）印刷有限责任公司

ISBN　978-7-5534-4181-8　　　　　　　　　　定价：58.00 元

前　言

在信息技术、信息管理与计算机技术的整合过程中，企业必须注重工作人员网络安全意识培养，以此保障信息系统的可靠性与安全性。全面加强数据信息化建设与安全化建设，充分提高信息管理水平、信息管理能力。企业应当动用内部各个机构的积极性与主动性，合力完成顶层设计。企业要注重优质人才的引进与培养。利用强大的人力资源解决内部建设问题，保障信息化建设质量与进度。以其发展前景、发展机遇来看，未来计算机技术必然能够获得更好的发展能力，我们必须把握机遇，注重计算机技术的应用，这样企业才能够实现转型的目的，提高自身活力。

不论是什么行业，要想转型都要经历从内到外的过程。也就是先在内部完成调整与转型活动，在尝试结束并达成预期目标后调整对外服务模式，以此保障转型能够成功。企业必须明白这一道理，意识到内部转型的意义以及对信息技术与企业内部工作融合带来的影响。该系统能够将原本需要在线下完成的操作任务移植到网络之中。不仅可以有效提高工作效率，同时也能够保障流程有序性与规范性。此外企业还要加强投入，以此保障科技建设力度与建设基础水平。首先要增加信息建设力度投入，尤其是数据中心建设，其中包括软件设施与硬件设施，并做好软硬件设施的协调匹配工作。其次利用人工智能算法、云技术、大数据技术服务信息系统建设，提高系统竞争能力。在互联网发展的过程中，今后互联网公司将会得到更强的整体能力。企业可以借用这些资源打造与完善内部信息系统，结合互联网公司发展经验，保障自身建设质量、建设水平，进而推动计算机技术发展。

对信息管理与计算机技术的结合来看，虽然当前社会已经步入信息时代，可是当前行业之间的竞争仍旧非常激烈。为了能够从中脱颖而出，获得并保持稳固位置就必须提前掌握各类资源、各类信息，这些信息将成为企业立于不败之地的重要依据。不论是哪个行业，管理人员都必须明白信息管理的重要性、必要性。当然对企业发展来说，仅仅只有牢固的下层建筑是不完整的，能力出众的管理人员的管理水平、管理意识才是能够解决且与发展的必要条件。企业管理者必须重视与提高信息管理工作，加强对信息管理研究，确保能够从容应对信息管理工作，提高企业的运营活力与运营能力。

本书以社会信息化为背景，以辩证唯物主义、历史唯物主义为指导，本着理论联系实际的原则，从信息科学、管理学、社会学、心理学、政策科学的结合点入手，详细介绍了信息管理理论基础、信息管理技术基础、信息环境与信息社会、信息管理过程、信息产业与信息市场、信息系统管理、知识管理、信息伦理、政策与法规、组织信息管理等内容。

由于作者水平有限，时间仓促，书中有一定的遗漏或不足之处，敬请广大读者和专家提出宝贵意见。本书参考了一些同领域专家学者的研究成果，在此衷心地向他们的辛勤劳动表示感谢。

编　者

目　录

第一章　信息管理理论基础 ·· 1

　　第一节　信息与信息管理 ·· 1

　　第二节　信息管理的信息科学基础 ······························ 3

　　第三节　信息管理的管理科学基础 ······························ 5

　　第四节　大数据管理 ·· 8

　　第五节　BIM 监测信息管理案例研究 ····························· 14

第二章　信息管理技术基础 ·· 20

　　第一节　信息技术概述 ·· 20

　　第二节　新兴信息技术的介绍 ···································· 24

　　第三节　信息采集、通信、处理技术 ······························ 27

　　第四节　项目管理的信息获取和信息分析——理论框架和案例分析 ·· 35

第三章　信息环境与信息社会 ·· 41

　　第一节　信息环境 ·· 41

　　第二节　信息源与信息流 ·· 43

　　第三节　信息运动与信息行为 ···································· 48

　　第四节　信息化与信息社会 ······································ 53

　　第五节　信息化环境下课堂探究学习案例分析 ···················· 56

第四章　信息管理过程 ·· 60

　　第一节　信息需要 ·· 60

　　第二节　信息收集与整序 ·· 72

　　第三节　信息处理与分析 ·· 76

　　第四节　信息检索与服务 ·· 78

　　第五节　信息传递与反馈 ·· 81

　　第六节　旅游管理专业信息碎片化与案例教学法 ·················· 83

第五章　信息产业与信息市场 ································· 88

第一节　信息产业概论 ································· 88

第二节　信息服务及管理 ································· 90

第三节　信息市场及管理 ································· 93

第五节　管理信息系统案例教学探讨 ····················· 96

第六章　信息系统管理 ································· 98

第一节　信息系统管理概述 ····························· 98

第二节　信息系统工程 ································· 100

第三节　信息系统资源管理 ····························· 102

第四节　信息系统的典型应用 ··························· 104

第七章　知识管理 ································· 107

第一节　知识管理概述 ································· 107

第二节　知识管理战略与策略 ··························· 109

第三节　知识管理系统 ································· 112

第四节　人力资源规划对知识管理的推动作用——基于微软公司的案例研究 ········· 115

第八章　信息伦理、政策与法规 ······················· 120

第一节　信息伦理 ································· 120

第二节　信息政策与法规概述 ··························· 122

第三节　信息公开的制度与法规 ························· 127

第四节　信息安全政策与法规 ··························· 131

第五节　各国信息政策与法规比较 ······················· 136

第九章　组织信息管理 ································· 141

第一节　企业信息管理 ································· 141

第二节　商业信息管理 ································· 143

第三节　政府信息管理 ································· 145

第四节　公共事业信息管理 ····························· 149

参考文献 ································· 153

第一章 信息管理理论基础

第一节 信息与信息管理

信息技术以其独有的优势逐渐得到社会各行业的认可以及日常生活的广泛应用。本节主要对信息管理与信息系统创新建设的目标进行分析，有针对性的寻求提升信息管理效果与加强信息系统创建的有效措施。致力于通过信息系统的完善为信息传播与整合提供技术支撑，满足新时期社会对信息技术的需求。

信息管理技术水平的提高直接影响着信息传输与处理的合理性，而生产行业的发展使得各个行业对于信息技术的要求越来越高，停滞不前的信息管理及系统适应性不足。对此，不断提升信息管理效果，强化信息系统构建呈现出必要性，对于迎合时代发展，维护信息资源高效整合、促进资源共享具有深远意义。

一、信息管理与信息系统创建的主要目标

信息管理对于行业数据信息的传播与查看有重要作用，同时也为企业运营的信息整合传输提供了保障。通过对计算机硬件、软件及其他办公设备的合理应用，实现对信息的收集、传递，以企业战略竞优、提高收益和效率为主要目标，为企业各项工作的开展提供便捷的信息服务。例如：企业的统一规划管理离不开各个部门的协调配合，而协调过程需要有高质量的信息传递，还需要保证各类信息资源传播的效率，以此维护企业运营效益，降低信息处理成本。除此之外，在服务人民、提升企业运营效益的基础上促进社会进步，进而提高人民的物质文化生活水平，这也是信息管理与信息系统创建的重要目标，是信息行业发展的主要动力。

二、信息管理与信息系统创新建设的有效措施

（一）提高信息管理及系统创新意识

信息管理及系统创新意识的提高对于管理效果的增强具有直接影响，特别是对于目前社会经济迅猛发展，各类信息层出不穷，需要信息传输整合系统具备更高的性能，以便于

保障信息管理质量，发挥信息技术的作用。这就要求信息技术相关人员明确行业发展目标，树立创新意识。在提升信息管理意识方面，管理人员应该发挥带动作用，正确引导。例如：信息企业管理人员可以通过开例会的形式让员工意识到信息管理质量提升以及系统创新建设的重要性，同时让员工清楚本公司的发展方向与发展目标，让员工深切意识到技术创新对于维护企业持续运营的重要意义，进而以负责任的态度面对系统创新建设工作，为信息管理质量的提高创造更多机会。

（二）加强信息技术的开发

信息技术的开发是强化信息管理、促进信息系统创新建设的关键因素，因此信息企业应该注重自身技术的创新与研发，避免被时代的信息浪潮冲击而影响新时期信息管理体系顺应时势发展。在信息技术开发方面，技术人员应该加强学习，秉承创新理念开展技术研发工作，还应该充分认识到信息技术发展现状。例如：管理人员可以针对技术开发成立工作小组，在维持企业日常工作稳定开展的基础上利用一些时间开展技术开发工作。同时，企业应该多为技术人员提供外出学习的机会，通过不断积累经验、信息技术学习给信息系统创新建设提供支撑，健全信息管理体系。

（三）建立完善的信息管理与信息系统创新建设制度

完善的管理制度是各企业稳定运营的必要条件，所谓没有规矩不成方圆，只有建立并健全管理制度，才能维护各项工作顺利开展。对于信息管理及信息系统创建，企业管理人员应该在充分了解当前信息系统发展现状的基础上明确自身的发展方向，进而制定适应企业目标、满足信息行业发展需求的管理制度，为管理工作的开展提供依据。例如：管理人员可以制定定期开展信息系统创新建设的制度，对信息技术人员的创新工作给予一定约束。同时还可以制定科学的奖励制度并注重制度的落实，为信息管理及系统创新建设进程中付出辛苦的员工以及做出突出贡献的员工给予物质奖励，鼓励员工秉承创新思维投入到信息系统创新建设工作中，确实促进信息管理水平的提高，推动行业进步。

（四）培养优秀的信息技术人才

培养优秀的信息技术人员也是加速信息系统创新建设的有效措施。就目前来讲，一些信息企业的员工在信息系统管理方面存在专业性不强的现象，新员工存在过于依赖老员工的情况，创新和主动学习意识不强。直接影响了信息管理效果，也不能够给系统创新提供技术支持，不利于信息行业的长远发展。对此，企业管理人员应该在团队建设方面下工夫，积极培养优质人才。例如：企业管理人员在落实招聘工作时应该加强对应聘者能力的考核，招揽信息技术能力较强的人员入职，为信息技术团队增添力量。同时新时期社会对于人才的需求呈现多元化，对于综合素质有更高的要求，企业的人力资源管理者应该有针对性的拟定考核标准，实现招聘质量的提高。除此之外，企业应该加强对信息技术人员的能力培训，通过不断学习的方式提高员工能力，以便于与时俱进，为信息系统创新建设提供人力资源支撑，促进企业长远发展。

（五）保障信息系统的资源共享功能

资源共享是信息系统创建及运行过程中所要关注的重点内容，特别是对于相关数据的处理及传输，十分严谨，不容有误。而且，不论是企业传输信息，还是日常信息交流，都有一定的保密性，这就要求信息管理系统具备资源共享功能、良好的信息整合和区分功能，以便于实现数据的准确统计与核算。为了保障资源共享功能发挥作用，需要加强对技术人员能力的培养，特别是专业学习阶段，应该打好坚实基础，普及资源共享功能创建技术，为信息管理提供技术支持，促进新时期信息行业稳定发展。

总而言之，信息管理与信息系统创新建设的有效措施包括强化创新意识、注重信息技术开发以及人才的培养。同时还应该注重健全信息管理制度，以合理的制度维护系统创新建设。此外，信息管理部门应该注重增强信息系统的查询功能以及资源共享功能，为信息管理发挥实效创造有利条件。

第二节　信息管理的信息科学基础

进入 21 世纪以来，我国的经济快速发展，科学技术不断进步，数据信息呈现出爆炸式增长的特点，每个领域都包含了非常广泛的数据信息，人们亟须一种先进的数据管理技术对这些海量的数据信息进行管理，计算机数据库技术就是在这种情况下出现并发展起来的。现在计算机数据库技术在各个行业中的应用越来越普及，未来的发展前途更是不可限量。本节首先阐述了计算机数据库技术的主要特点，然后分析了计算机数据库技术在信息管理中的应用现状，最后论述了完善计算机数据库技术在信息管理中应用的重要措施。

信息管理是指使用计算机技术手段，同时借助网络技术，按照相关的制度规定，对资源进行全面分析和有效管理。目前来看，基层管理信息化还未得到全面普及，因此，信息化管理方式有待提高和改进，但是在实际的工作中，管理的信息化并不等同于档案的数字化。

一、计算机数据库技术的概述

今天，随着现代化的发展，越来越多的人使用计算机。根据计算机的操作，数据库技术主要依靠计算机的内部数据库来合理地管理和存储各种数据，这对提高计算机性能具有重要意义。在常规的运作过程中，数据库对于信息管理来说非常重要，因为通过数据库的各种功能，我们可以进行有效的信息管理，增强计算机的功能，例如高效存储和管理各种数据的信息。一般而言，数据库技术并不是一种单一、固定化的结构，它是一种能够相互传递共享信息的技术，在执行各种输入和输出操作时，您可以进行逻辑控制，并为用户提供不同的便利。同时，数据库可以与计算机的其他功能共享，并且可以执行远程操作，例如不同区域之间的协作。

二、当前我国管理科学与工程研究现状

（一）优秀成果显著，新理论、手段不断发展

在信息管理方面，管理科学与工程的发展注重统筹兼顾好开发加工信息产品、组织采集信息、知识与信息应用及整合优化服务信息间的关系，其中在智能化商务、移动设备商务及网络电子商务领域中都取得了巨大的突破与成就，同时也加强了对工业工程中工作人员、信息能源、机械设备等各方面的系统研究。另外，管理科学与工程在理论知识方面也有了新的突破，例如可拓学、粗糙集、模糊数学、集成分析、灰色系统及未确知数学理论，不仅提供了新的研究领域与范围，还使得人员、技术和组织系统的结合应用充分发挥出可观的社会经济综合效益。

（二）管理科学与工程学科的潜在隐患

①研究方法不够科学精准，定性定量分析结合不够紧密，还难以完全与国际接轨，更重要的是创新成果较少且缺乏创新能力，还难以解决社会、企业与政府等的实际问题，直接造成实践与理论脱节；②许多从事管理科学与工程的研究人员自身并不具备丰厚的专业理论知识与实践操作经验，仍旧沿袭传统意义上的滞后思维模式，更甚至在从事管理科学与工程研究的过程中出现低级的人为失误漏洞，不利于推进后续工作的深入开展；③研究成果评估标准和手段仍旧沿袭传统意义上的滞后模式，难以形成具有中国特色的研究成果。

三、完善计算机数据库技术在信息管理应用的有效对策

（一）提高数据库技术的安全性

提高数据库技术的安全性主要指的是加强对数据库的保护，防止非法入侵，导致数据库中的数据信息被盗用。数据库技术安全性的高低是衡量数据库质量的重要指标。上文中提到，数据库技术的一大特点是共享性，但是数据共享又必然会带来一定的安全问题。需要注意的是，数据库技术的共享性特点并不是完全的共享，也不意味着是共享所有的数据信息。军事、商业机密等数据信息不仅不能共享，而且还需加强对其的保护，通常会采取数据加密等措施来防止重要数据信息被盗取。

（二）加强信息管理基础设施的投入

信息管理部门应该加大对基础设施的资金投入，及时更新计算机、存储工具、服务器、路由器、扫描仪等硬件设备并不断更新信息化软件管理系统。另外档案管理部门，应根据档案资料的不同类型使用多媒体信息技术和3D可视技术，使传统的纸质档案能够通过多媒体的形式表现。

（三）计算机数据库恢复技术

信息管理还可能导致关键数据丢失，确保数据完整性并改善数据恢复。计算机数据恢复可以分为两类，第一种方法是定期备份数据库数据，将其保存在其他存储设备上，并做好备注。对于无法修复的严重损坏的数据，您需要将数据库备份到另一个磁盘中，利用磁盘日志来处理信息。另一种方法是用已保存的日志来删除无效数据，并对数据进行排序，这样，可以更快地实现计算机备份和恢复，并更可靠地管理数据。

四、管理科学与工程的未来发展趋势

①网络信息环境下的管理系统研究成为重点，加大向信息和网络管理模型、信息技术与管理、运筹与管理等领域的倾斜，同时科技发展和学科交叉扩大了研究领域，这在一定程度上促进了网络招标行为、企业并购行为与行为经济学的发展；②逐步强化建设管理科学与工程的平台，建立研究资源和研究成果共享的机制，必须要加强对知识产权的保护来维护研究成果，牢固树立"以人为本"的工作宗旨；③清晰认识到当今市场的竞争激烈与需求渐趋多样化，企业的竞争应该由产品、技术等因素转向知识、信息等因素上，从而为经济的快速发展提供必要的支持。

综上所述，随着计算机数据库技术的飞速发展，其在信息管理中的应用将会不断广泛起来。未来要想让计算机数据库技术在更多的领域发挥出最大的作用，就必须加强对计算机数据库技术理论的研究，丰富实践经验，让理论与实践进行充分结合，切实提升计算机数据库技术的安全性，让计算机数据库技术的特点都能发挥出来，不能成为其应用的短板。只有这样，才能让计算机数据库技术具有广泛的发展前景。

第三节　信息管理的管理科学基础

随着当今时代的进步与人类社会的发展，各行各业都在采用高尖端人才和集成配套及信息综合性技术，已经把人们的意识推进信息模式的人机智能化运行之中。在重重叠叠的多元化、多层次化管理中，信息化管理已交织了个性化与自然的特点，形成了多元信息化和多元层次化管理等的新格局。逐步进入社会自然与理想的运行轨道上，把人类发展理念推向自然信息云端上了。怎样才能把握信息的自然观与创新智能管理发展观的统一和协调一致呢？如智能化的编程是把人机与智能相应相生关系融合和统一，这也充分地证明了人的智慧和能力。但智能化的本身就是时代的产物，同时也伴随它的有效性和延续性。为了人类自然科学与未来信息化管理的相通互助的流通性，笔者根据信息的来源采集与上下流动以及人才和管理上的问题，提出了新的空间宇宙形态的能动的管理化轮盘式图形。用马克思主义的唯物辩证原理，如何把握好当今人才智能化与社会自然发展的协调关系，采用未来人类发展延续与生成的新思维理念和新信息管理运作方法。该方法适用多个领域和行业的信息化管理架构。如有不妥之处只供参考。

一、单一的人性化管理

天地间万物聚生，无论植物、动物和微生物以及自然环流太空等都在不断地发展与进化演变。而人的大脑与意识也同样是在深化和适应与创造而不断的进取发展中。单一的为了提高效益片面的索取更多的财富，而不顾一切地去毁掉自然和人的要素。规避强行掩饰其自身目的，而设立起一系列的人为的条例"限制"为之的管理。似乎这样就是以"人为本"的属性理念。而失去了自然平衡的能力与环境和其他融合与发展的特性。单一的向往与梦想等都是一种美好的愿望。把握好大环境适应科学的发展的规律与自然的融合，唯有科学的人性化与智能化相结合的管理才是自然的和持久的。

当人们在社会发展现实中，为无法实现目标而感到困惑，却感觉压力疲惫而又无力。这就是想法与实际形成了差别困惑的原因。在单一与单调的业务化管理与制度的执行中，人们看不见奋斗的目标，而在茫茫人海中，又受控于不公正的人为监督因素，人与人的管理就成了管你的权利限制，就难免会出现单一和独断性。

制度条例是一种固定的产物，人的思维是随着时间与空间在不断的发展变化的，而条例制度又受控于人，因此，脱离了整体人类与环球发展的自然规律，必然产生矛盾和焦作的无序志向和困惑。

在人为化的条例与管理弊端中，又磨灭了有志向的人们敢于攀登的决心，他们在无能为力的现实面前和不透明中而倍感焦虑和沉默而耗尽创新的能量。高层的信息决策也就只能来至单一阶段的索取和掌控了，失去了人才智慧的全面完整与真实公证的信息发展渠道。这样脱离了自然客观制定一些管理条例，本来就失去了发展意义。

目前走群众路线也就是从多层次、多领域、多学科相结合与实际来制订计划和规划，用合理的制度条例来调动人和激励人，把法规制度公开化和透明化。也就是解放思想消除困惑，真正把人的智慧与才智，融合在制度和法规权利的自然之中。把智能之人解开束缚的格局，放飞智慧的创新能量。把他们的理想希望融合发散思维的能力之中。形成自我自理的自然的管理制度中，也就是人性化的管理。

二、管理与自然整体脱节

人都在不断地追求自然完美和非自然、理念与幻想、现代与未来相适应的合理运行轨道。在单一环境的管理下或许已被规避级别和档次的人为因素，失去无法应对现实和去改进与创新智能空间的作用。这种规避式的单层面的重复性管理。从根本上失去了自然的从上到下与从下到上的整体交流与融入，变为单一的脱节的状态，整个思维创新能力，也就形成了突不破的相对步伐，自然地就造成了信息管理层面上的种种束缚和融入社会互通的管理弊端。

这已在现实中造成人人为名、利、权的竞争（内耗）。而把人与人焦灼感加深，这样的管理也自然无法施展，只是增强内耗削弱自然的有生力量。管理只能束缚行为上的范本，它不能束缚人性的智能反应，因此，应打破和废除一些违背社会发展规律的条款的种种格局和与人的级别、档次束缚，释放人的自信和自然智慧空间，增强整体与总体上的信息资源共享，满足社会发展自然的规律，树立起人与自然的科学合理的管理才是明治的。譬如年复一年的重复性自然灾害中，不难发现只考虑到某种自身利用。把一些本不该开发的地方、河床、峡谷、溪流等等，进行人为地去改造而不去梳理和自然保护好，原本的十年、二十年……百年不遇等都是有自然规律的。人的大脑发育健全完善，同样需要与社会自然环境来产生理想和能动的吸纳，人的生活的健康意志也是通过常态发展中形成的规律。

三、科学管理与社会发展

科学的研究只是要靠社会市场，还要考虑整个自然人的环境与非同类的相辅相成的融合。用科学的知识智慧，去探索、开创和去造就先进的技术手段。在实际认识的过程，既要探索目标，同时又要考虑研究达到目标和技术的适应性与完整性。志向人、理想人才形成真正的团队群体。团队也好、群体也好，这只是管理中的格局形式，而意识和思想上的统一才能把智慧和创新融合。目前，我国在大力提高国家科技实力，在全民创新大众创业的鼓舞下，产生了一大批的创新园区、孵化园以及联合开发中心等等。根据目前媒体采集的信息了解，部分在运转上都存在无法进取和维持的状态。他们中的部分只看到国家给予政策和优惠的条件和利益，根本未形成创新的能力和开发的实力条件。而在管理中只需要的形成格局与装点布设，似乎达到某种高科技含量上的面子工程，进行全面开采和引进人才，做巢引凤等多样化的形式。人才成果业绩也进行了组装和搭配，实力进行拼凑雾化达到国家对此投入的目的。在松散的团队及平台建设和管理中，从而自然地失去了对社会发展的正能量。这种也还是管理环节上带来的。只限于经济上的考虑是远远不够的，把民族的信仰、精神也淡漠了。只有理论上的高端意识去创新，而不从根本上，置身于自然融入现实之中去认识和提炼。创新人才同样也有生成的条件及人性化的基本特征，一个民族的兴旺发展也要靠社会整体文化的统一与现实中去实现和把握未来的发展。应该废止和清除与发展不相适应条款和管理。它已扰乱了人们的思绪和自然的生成空间及自然的法则。

四、信息化管理是科学发展的必然性

科学和信息化技术研究是时代赋予新课题。它犹如超时空的星宇轮盘，布满整个宇宙空间。通过实践研究在区域及各行业部门间，都必然存在动态性发展与信息化互通管理的问题，如何来寻求到一种新的与时代接轨的全方位立体空间的动态规律的信息化管理呢。作者通过研究得出了一种新的信息化管理模式，并用整体能动的管理化轮盘式图（蛛网）形化动态信息数据的管理方法，形象的阐述了各层次与领域的管理阶段中，人、财、物和信息流通上下互动的原理，信息化与管理化的智能关系，以动态的发展规律去探索，把现实繁杂的各行业领域中相互连接、相互依赖、相互促进、相互影响、相互转化等相生相连。

总之在自然运行中的管理化轮盘式的信息化蛛网，它又与宇宙其他环流相融的管理相通。把握时态变化的先机，用信息数据精确及管理一体化贯通。计划也好规划也好，指向的是一个目标，而实现目标需要的是各方数据信息流通和人的创造及随时更新的发展途经和方略的管理。这样才能实现目标的可行性与实现目标的真正目的，也才能展开它应有的效能和应有的作用。

第四节　大数据管理

随着数据获取和计算机技术的进步，大数据已成为一种新的国家战略资源，引起政府和社会各界广泛关注。根据国际数据公司（International Data Corporation，IDC）统计和预测，人类产生并存储下来的数据在 2009 年已达到 0.8ZB，2013 年就已突破 4.4ZB。数据总量仍快速增长，预计到 2020 年数据总量将突破 44ZB，为 2013 年的 10 倍，到 2025 年可能达到 163ZB。大数据已经渗透到各行各业之中，成为重要的生产因素，对人类必将产生重大而深远的影响。Nature 阐述了在数据驱动的研究背景下，解决大数据问题所需的技术以及面临的一些挑战。Science 围绕科研中大数据的问题展开讨论，说明大数据对于科学研究的重要性。

鉴于大数据对经济、社会和科技等领域拥有着巨大的价值，世界发达国家投入大量人力和财力，相继制定了促进大数据产业发展的政策法规。2012 年 3 月美国政府发布了《大数据研究和发展倡议》，投资 2 亿以上美元启动"大数据发展计划"。2012 年 5 月英国建立了世界首个非营利的开放数据研究所（The Open Data Institute，ODI），为英国部门、学术机构等方面提供"孵化环境"。2013 年 8 月澳大利亚政府信息管理办公室发布了《公共服务大数据战略》，推动公共行业利用大数据分析进行服务改革，使澳大利亚在该领域跻身全球领先水平。2016 年 5 月，联合国的 Global Pulse 倡议项目发布报告，阐述大数据时代各国特别是发展中国家在面临数据洪流的情况下所遇到的机遇与挑战，同时还对大数据的应用进行了初步解读。

我国政府高度重视大数据的研究与应用，2015 年 9 月，国务院出台了《促进大数据发展行动纲要》，系统部署大数据发展规划，明确提出建设数据强国。2015 年 10 月，党的十八届五中全会首次提出"实施国家大数据战略"，将大数据上升为国家战略。2017 年 10 月，"数字经济"写入中央政府工作报告，党的十九大报告提出了"建设数字中国"和"大数据和实体经济深度融合"。从而掀起了全面开展大数据研究，推动大数据的技术应用，提升大数据领域的自主创新能力和核心竞争力，促进我国经济转型和经济发展都具有重要的意义。

一、大数据的概念

全球著名的管理咨询公司麦肯锡也是大数据研究先驱者之一，在其研究报告《大数据：创新、竞争和生产力的下一个前沿领域》给出大数据的定义：大数据是指大小超出常规的数据库工具获取、存储、管理和分析能力的数据对象集合。同时强调，大数据不一定要求数据量达到 TB 级别。国际数据公司（IDC）从四个方面描述大数据，即数据规模最大、数据快速动态可变、类型丰富和巨大的数据价值，具有这些特征的数据集合称为大数据。维基百科（http: //en.wikipedia.org/wiki/Bigdata）给出的定义是在合理的时间内，无法通过现有软、硬件体系结构对数据资料进收集、存储和处理，并帮助决策者进行决策服务。

大数据是以容量大、类型多、存取速度快、应用价值高为主要特征的数据集合，正快速发展为对数量巨大、来源分散、格式多样的数据进行采集、存储和关联分析，从中发现新知识、创造新价值、提升新能力的新一代信息技术和服务业态。目前按照国际数据公司所提的"4V"模型描述大数据的特征，即容量大、类型多、速度快、价值高。

（一）容量大

当前数据正以前所未有的速度聚集和增长，数据存储单位逐渐被 PB、EB、ZB、YB 所替代。在电商、社交网络、能源、制造业和服务业等领域都已积累了 TB 级、PB 级甚至 EB 级的数据量。

（二）类型多

大数据另一个重要的特征就是数据类型多样化，数据存在形式包括结构化数据、半结构化数据和非结构化数据。2012 年，非结构化数据占整个互联网数据量的 75% 以上，相信在今后数据存储方面仍然以非结构化数据为主。大数据时代数据分析的重点为非结构化数据的处理技术和模型研究。

（三）速度快

大量的数据快速产生，信息价值稍纵即逝。想要从高速、体量大的数据中获取有效信息，必须配备高速的大数据分析处理器，满足实时性需要，大数据分析主要包括在线分析和离线分析。

（四）价值高

大数据拥有大量有价值信息，通过提炼信息和数据分析，在无序数据中建立关联可以获得大量高价值的、非显而易见的隐含知识，能够在更高的层面和视角帮助用户提高决策力，洞察未来创造出更大的价值和商机，对社会、经济和科技等方面具有重要的战略意义。

二、大数据的应用

新一代信息技术的快速发展、信息化程度的不断提升、物联网的广泛应用等现象，体现了人类社会已经进入大数据时代，现在人们每天的衣食住行都与大数据相关。在大智移云技术的推动下，公用事业、市政管理、城乡环境、健康医疗、社会救助、养老服务、劳动就业、社会保障、文化教育、交通旅游等领域沉淀了大量的数据资源，大数据技术会在越来越多领域得到广泛应用，通过云计算、物联网与大数据技术深度融合，对大数据进行采集、存储、挖掘与分析，有效提升了大数据管理各个流程的技术水平，促进大数据应用成本减少和介入门槛降低。大数据将成为人类认识世界和改造世界、推动智能化的有效工具，大数据的未来发展空间将更加广阔。

《促进大数据发展行动纲要》中提出了推动大数据发展和应用的总体目标：打造精准治理、多方协作的社会治理新模式；建立运行平稳、安全高效的经济运行新机制；构建以人为本、惠及全民的民生服务新体系；开启大众创业、万众创新的创新驱动新格局；培育高端智能、新兴繁荣的产业发展新生态。

三、大数据的挑战

大数据时代的数据总量快速增长，伴随着对数据管理的巨大挑战。通过对大数据管理流程的梳理，总结出大数据管理中正面临着六个方面的挑战，分别是专业化人才、大数据集成、大数据分析、数据安全性、软硬件协同和管理易用性。

（一）专业化人才

大数据时代，组织需要大量既精通业务又能数据分析的人才（严霄凤等，2013）。目前，美国面临大数据管理人才、大数据经理人和分析师缺口近 200 万人，在我国数据工程师也是稀缺人才，大数据对我国相关专业人才的培养模式以及现有人才的储备提出了严峻的挑战。

（二）大数据集成

大数据的广泛性使得各类数据越来越多地分布在不同的数据管理系统中，便于数据分析所需而进行数据的集成。数据集成在大数据获取过程中扮演着"融会贯通"的角色，可分为传统数据集成和跨界数据集成。在数据采集过程中，由于数据可能来自于自治的数据源，因此难以确保数据的模式、模态、语义等一致。

（三）大数据分析

数据分析是用适当的统计分析方法对集成的大量数据进行分析，将其加以汇总和理解并消化，以求最大化地开发数据的功能，发挥数据的作用。大数据分析不是简单的数据分析的延伸，数据规模大、更新速度快、来源多样性、价值密度低等性质给大数据分析带来了一系列的挑战。

（四）数据安全性

当今社会网络化和信息化的快速发展导致数据爆炸式增长，数据的价值越来越重要，大数据隐私和安全逐渐被重视起来。数据安全主要包括两个层面：一是数据防护安全，二是数据内容安全。美国"棱镜门"事件引发世界各国对个人隐私和数据安全的高度关注。大数据在产生、获取、传输及存储等环节面临着诸多安全风险，具有强大的数据安全与隐私保护的需求。因此，实现大数据安全性比以往安全问题更为棘手。

（五）软硬件协同

一方面，硬件异构性带来的大数据处理难题，因不同时期采购的不同厂商的服务器在系统运行和处理速度方面存在很大的差别，导致整个数据中心的各台机器之间的性能存在着明显的差异；另一方面，软件系统都是依托在计算机硬件体系中，CPU 的发展一直遵循着摩尔定律，且其架构已经从单核转入多核，深入研究如何让软件更好地利用 CPU 多核心之间的并发机制。新型非易失存储器件的出现，给大数据管理系统带来新的希望，闪存、PCM 等新型硬件具有低能耗特性，这将给现有的大数据处理带来一场根本性的变革，软件将不受硬件的绝对限制。

（六）管理易用性

从数据集成到数据分析，直到最后的数据解释，易用性贯穿整个大数据管理的流程，易用性的挑战主要有两个方面：一是大数据时代的数据量大，分析更复杂，得到的结果形式更加多样化，大数据复杂程度已经超出传统的关系数据库。二是大数据已经广泛渗透到人们生活的各个方面，很多行业都开始有了大数据分析的需求。但是这些行业的绝大部分从业者都不是数据分析的专家，在复杂的大数据工具面前，他们只是初级的使用者。复杂的分析过程和难以理解的分析结果限制了他们从大数据中获取知识的能力。

随着物联网、云计算、Web2.0 和移动互联等技术的快速发展，各种应用产生的数据正快速增长，人类社会已经步入大数据时代，这个时代大数据已经成为我国重要的基础性战略资源，正引领科技创新和科研变革，通过对大数据的应用将创造出巨大的商业和社会价值。我国充分利用数据规模优势，实现数据质量和应用水平同步提升，挖掘和释放数据资源的潜在价值，有利更好发挥数据资源的战略作用，适应世界各国在大数据领域所展开的新一轮竞争。

信息技术作为时代不断发展的象征，不管是在我国行业的发展中，还是在人们的日常生活，都起到了重要作用。同时，在信息技术不断发展的过程中，大数据时代的应用范围也在不断地扩大，其来源渠道也非常多，数量也在不断增加。在这种情况下，大数据时代的大数据管理就显得尤为重要。由于大数据的数量不断增加，现有的管理形式已经无法满足大数据时代的发展，并且在利用计算机对大数据进行全面分析和处理的过程中，也受到了严重的影响，因此，要想有效地对大数据进行充分利用，就要对大数据管理形式给予高度重视，采取有效的措施，不断加强大数据的管理形式，最终实现有效、便捷、安全等管理性能，这也为对我国信息技术提供了重要的发展方向。

四、大数据时代的大数据管理发展历程

近几年，在大数据管理不断发展的过程中，也取得了一定的成绩。但是，大数据管理也经历了一个漫长的过程，主要经历的人工、文件、数据库等管理阶段。同时，随着大数据时代的大数据不断增加，所管理的范围和环境也在不断地变化。并且，在大数据管理不断发展的过程中，一些管理问题逐渐的暴露出来，为大数据管理的发展带来了新的挑战和机遇，下面就大数据管理的发展历程，管理中存在的不足进行简要的分析和阐述。

（一）大数据时代的大数据人工管理形式

在 20 世纪 50 年代，计算机技术的形成主要是针对科学计算等形式。同时，根据当时的发展技术来说，并没有磁盘、U 盘等一些先进设备，将其计算的结果进行去全面的保存和整理，仅仅只是依靠纸带、卡片等形式，对大数据的进行有效的记录。大数据时代的大数据管理的人员管理形式，不仅仅对大数据的记录存在着一定程度上的误差，并且在保存的过程中，也会经常发生丢失的现象，对大数据时代的大数据管理形式的发展，是没有任何的帮助。但是，依照当时的技术水平来看，也只能依靠人工管理的形式了。

（二）大数据时代的大数据的文件管理形式

在大数据时代的大数据管理的人员管理形式，不断发展和改革的过程中，计算机的软件和硬件都得到了有效的提高，磁盘、磁鼓等储存软件，得到了全面的普及和发展。同时，在不断发展的过程中，计算机将大数据的组成形式，叫作大数据文件，并且在大数据文件上就可以直接的取名字，直接的进行查看，这对大数据的管理，无疑不是一个新的发展的起点。在大数据时代的大数据文件管理的过程中，由于大数据长期的保存在外面的，这样在对的大数据处理、分析、查找、删除、修改等操作的过程中，提供了极大程度上的便利，其对其操作的程序，也具有特点的要求。但是，在文件管理的过程中，由于共享性能较大，数据与数据之间缺乏一定的独立性，对其管理和维护的费用和时间较大，这样往往工作效率提高，不能被广泛地使用。

（三）大数据时代的大数据库管理形式

数据库管理形式是大数据管理不断发展的重要成果，也是到目前为止最后的一个阶段。在计算机技术不断发展的过程中，计算机内部的容量得到了很大程度的提高，并且大数据的管理和维护成本也相应地有所下降。同时，在大数据管理形式不断发展的过程中，对其

系统管理内存不足等现象，进行了全面的提高，有效地实现了资源共享，也在最大程度上保证了大数据的安全、稳定等性能。另外，在大数据时代的大数据库管理的过程中，不在近几年只是固定在某一个计算技术应用体系，而是面向整个管理体系，以此在最大程度上提高了大数据共享的性能，使大数据与大数据形成一个独立的个体，对其大数据进行了全面、有效的、统一的管理，为我国信息技术的发展提供了重要方向。

五、大数据时代的大数据管理策略

（一）对大数据时代的大数据管理框架进行创新

在大数据时代的大数据管理形式不断发展过程中，给企业发展带来冲击非常巨大。因此，企业要根据我国信息技术不断发展的形式，对大数据管理框架进行全面的设计和创新，如图1所示。在大数据的处理的过程中，主要是围绕着数据资产进行管理的，同时对大数据时代的大数据管理制度，进行全面的规划行、设计、创新，这样对其他信息技术管理领域，提供了便利的条件。其实，大数据时代的大数据管理最主要的目的，就是将大数据的价值进行充分的展现。另外，在大数据时代的大数据管理框架不断创新的过程中，有效地实现了大数据共享等性能，不断扩大了大数据时代的大数据管理的内容，对我国现代化信息技术的发展，起到了重要的作用和意义。

（二）开发与内容的管理形式

在不断提高大数据时代的大数据管理形式的过程中，可以从两个方面进行，一是大数据开发管理，二是内容管理。其中大数据开发管理注重于大数据管理的定义和管理解决策略，对其大数据的存在价值进行有效的开发。换句话说，其实也就是在大数据时代的大数据管理的过程中，对其管理形式的开发，对大数据的功能和价值，进行充分的理解。

大数据时代的大数据管理中的内容管理是指：企业对大数据进行不断地获取、使用、存储、维护等工作活动。因此，传统的大数据时代的大数据管理形式，已经无法满足对这个时代发展需求。因此，在时代快速发展的推动下，要对开发管理和内容管理，进行全面的创新和设计，对需要专门设定的管理形式，要给予高度的重视，可以利用的集合型的保存形式，进行全面的保存。

其实，大数据时代的大数据管理主要是为企业提供重要的发展方向，为企业提供重要的价值信息。大数据时代的大数据管理在数据应用和开发的过程中，起到了重要的衔接作用，也为我国信息技术的发展，打下了坚实的基础。

（三）对大数据架构进行全面的管理

在大数据时代的大数据管理的过程中，数据框架管理起到了重要的作用，并且与大数据开发的过程中，有很多相似的地方。在传统的大数据时代的大数据管理的过程中，对其数据的开发、处理、保存等形式，都受到了一定程度上的限制。因此，在对大数据时代的大数据架构管理的过程中，对其操作形式，进行了全面的管理创新，避免受到范围的限制。另外，随着大数据不断地增加，大数据构架管理可以根据大数据的用途，质量良好的应用形态。例如：社交网络等形式。

与此同时，在最近几年的发展中，大数据时代的大数据管理形式，也面临着新的挑战和机遇。以此，只有对大数据时代的大数据管理形式，对个人信息、隐私等进行全面的管理，避免个人信息、隐私等发生泄露、不对称等现象的发生，这样不仅仅企业在发展的过程中，提供了最大程度上的安全保障，也为大数据时代的发展，带来了新的发展篇章。

综上所述，大数据时代是信息技术时代不断发展的产物，不管对我国经济的发展，还是人们在日常工作、生活的过程中，都起到了重要的作用和意义。因此，本节对大数据时代的大数据管理发展的历程进行了简要的分析，并对大数据时代的大数据管理形式，提出了一些可参考性的建议，只有对大数据时代的大数据管理形式，进行不断的创新，对大数据时代的大数据管理框架，进行不断的构建，也只有这样才能在最大程度上促进了我国信息技术的发展，也为我国各行各业的发展，提供了重要的发展方向，对我国经济的发展，也起到了推动性的作用。

第五节　BIM 监测信息管理案例研究

BIM 与工程监测存在功能互补，BIM 与监测信息的集成对工程信息化管理有重要价值。今梳理 BIM 监测信息管理的概念与系统框架，结合案例研究，对其技术方法、应用成效进行分析。并总结出实现 BIM 监测信息集成管理的四要素，即：工程信息的标准化集中管理，监测信息与 BIM 模型的动态关联，监测信息的可视化表达，与新兴技术的集成创新，可作为后续相关研究的参考。

近年来，建筑信息模型（Building Information Model，BIM）技术在国内快速推广，其应用方法与技术是当下研究热点。BIM 应用的关键是工程信息的有机集成、共享与管理，通过对工程信息的有效组织与追踪，支持、反映各方的协同管理，辅助与优化项目决策，以发挥提高效益、降低成本、控制风险的作用。

监测信息是工程信息的重要组成部分，反映了工程在实施阶段的各项重要指标，其内涵信息与工程目标高度关联。BIM 若无管理工程监测信息的能力，即无法实现对复杂工程信息的有效组织与追踪，影响 BIM 在工程实施阶段的应用成效。伴随 BIM 应用研究的深入发展，BIM 监测信息管理受到业界的重视，在一些工程项目中进行了相关研究与应用，探索了多样化技术方案。收集整理相关案例，研究其理论、技术以及工作模式，分析其共性，对于该领域的进一步研究有重要参考意义。

一、BIM 监测信息管理的内涵

BIM 监测信息管理是 BIM 模型与监测信息的集成，是工程监测与 BIM 应用的业务整合，是通过关联 BIM 模型与工程监测信息，利用工程监测信息充实 BIM 内涵，利用 BIM 模型直观表达监测信息的策略与方法。BIM 监测信息管理可充分挖掘工程信息价值，优化工程管理决策，强化工程风险管控能力。

BIM 能够高效地组织工程信息组织，数字化的 BIM 模型可有机集成复杂工程信息，强化相关信息之间的联系，是提供信息传递、过程模拟、动态分析的高效工具；通过 BIM 模型标识转化抽象监测数据为可见信息，大幅提高信息表达的效率，形成整体化、动态化的监测信息模型，可强化监测对工程管理的指导作用。

BIM 监测信息管理是工程监测活动与 BIM 应用的整合重塑，其内容包含监测数据采集、监测数据标准化管理、监测数据分析、BIM 模型可视化等工作。

二、BIM 监测信息管理的基础框架

（一）BIM 监测信息管理硬件基础

依据工作内容差异，BIM 监测信息管理硬件框架可分为四个层面，即信息采集层、信息传输层、信息管理层、应用层。信息采集层设备负责工程信息的采集，主要硬件为工程测量设备，包含各专业传感器、测量仪器等；传输层设备负责传递、交换测量设备所取得的监测数据，主要硬件为传输介质与传输设备，例如调制解调设备、光纤、无线网络等。信息管理层是整个框架的核心层，该层设备负责监测数据的标准化处理与储存、监测数据的分析与判断、BIM 模型的创建与维护、BIM 动态模型以及相关管理信息的实时发送等重要工作，主要硬件为网络服务器与计算机；应用层设备负责信息的发布与反馈，利用计算机、手机等设备提供整体化的工程信息管理窗口，利用自动化设备根据监测信息进行对应调控。

（二）BIM 监测信息管理的软件基础

当前 BIM 监测信息管理处于探索性应用阶段，尚未有成熟软件方案，但 BIM 监测信息管理对于软件的需求基本是明确的，包括以下几个方面：① BIM 建模能力，即 BIM 模型的创建与编辑，在模型层面上明确建筑内部结构、材质、几何、相对位置等关系信息，提供建筑信息管理的基本框架；②监测数据库管理能力，将以各种手段取得的监测数据数字化、标准化管理的能力，便于其他软件调用；③监测数据分析能力，根据相关标准和计算等方法内置数据分析逻辑，对于实时监测数据进行分析判断的能力；④监测数据表达能力，对于监测数据的判断结果表达为可视化结果，并快速反应到 BIM 模型上的能力；⑤模型展示能力，将 BIM 动态化模型快速发送给管理决策者，提供统一、透明、公开的协同管理平台。

三、BIM 监测信息管理案例分析

通过文献调查，收集 BIM 监测信息相关案例，分析案例对应的应用领域、技术要点、应用成效，挑选代表性案例进行介绍。

（一）深基坑工程监测领域

深圳某地铁项目基坑项目采用了基于 Web 与 BIM 的监测信息管理方案。通过 web service 技术搭建程序接口，数据以 IFC 标准形式存储于数据库，通过 Revit IFC 开源接口实现数据交互。采用 Unity 将对应数据生成三维模型，提供直观的基坑工程现场三维模型。通过点选监测点可查询、管理对应监测数据，输出监测数据报表。

汉口某航运中心临江基坑项目通过 Web 系统管理监测数据，利用 Revit 软件条件语句族函数实现监测数据到构件材质颜色属性的映射，利用色差区分不同监测状态；利用 Navisworks 工具，将监测信息添加到时间轴上实现开挖过程的动态模拟。在监测信息可视化的基础上，对基坑监测信息的动态发展以模型形式进行直观表达。

昆明某高层建筑基坑项目在 Revit 软件中利用 Dynamo 进行监测数据的参数化建模，将监测点的各向位移以三维柱状模型进行可视化表达，实现了监测信息直观化。

（二）桥梁施工监测领域

虎门二桥悬索桥项目以 Tekla structure 软件建立的 BIM 模型为基础，设置结构构件、传感器的标准编码，采用数据库集中管理结构信息与监测取得的构件偏差、标高等信息，通过 Unity3D 完成模型数据的三维直观表达，监测数据与模型构件对应关联，通过选定构件可查询该构件各阶段的监测数据，实现了链接式的监测信息模型注释。

怒江特大桥钢桁拱桥项目利用 Dynamo 工具开发钢桁桥结构施工监控报警程序，以 Midas 软件计算结果为参照，对施工监测信息进行判定，将判定结果用色彩标识的形式赋予对应构件，实现了施工监测数据的可视化。

（三）结构健康监测领域

江苏南部某钢桁桥项目以桥梁三维模型为参照，确定实际结构病害位置的三维坐标，在钢桁桥 BIM 模型上将结构病害以色彩标记形式表达，建立模型构件与病害信息之间的链接，便于结构病害信息的快速查询。

沪通长江大桥斜拉桥项目将监测数据采集后上传服务器统一管理，在程序分析处理后对结构状态进行自动评价，通过三维模型反映监测设备信息、监测数据、结构病害等信息，统一管理工程全寿命周期信息，提高了工程信息的利用率。

（四）隧道工程监测领域

上海某地铁区间盾构隧道项目结合 GIS、BIM、自动化监测、有限元分析等技术形成工程监测综合管理系统。以 GIS 二维模型、BIM 三维模型对隧道信息进行直观表达，将结构病害的位置表达在对应的模型位置上，通过点选模型可查询对应监测信息，提供隧道工程信息管理的全局视野。

大连金普铁路隧道项目在 Revit 建立的隧道结构模型基础上，将 BIM 模型数据、监测信息、风险信息整合为 IFC 标准数据，由数据库统一管理并发布为 Web，利用 WebGL 生成隧道三维模型，提供地质模型、监测数据、风险判定等信息的查询，形成基于 Web 的工程综合信息管理系统。

（五）环境与能耗监测领域

台湾省北部地铁隧道项目在轨道安装过程中对隧道内空气质量进行了监测，防范有害气体造成的施工风险。编写 C# 程序实现无线传感器网络与 BIM 模型的关联，实现有害气体的浓度、温湿度监测数据到 BIM 模型对应位置的映射，采用不同颜色动态显示隧道内有害气体风险状态，对于达到报警值的区域在模型上标志为红色，并远程启动隧道内的闪光灯进行报警。

Donghwan Lee 等在世宗市某小学教学楼项目中结合建筑能源管理系统（BEMSs）与 BIM，搭建基于 Web 的建筑能耗监测管理系统，利用 BIM 模型表达建筑信息，将不同区域的能耗信息反映到模型对应位置，为建筑能耗的分析提供直观参照。

四、BIM 监测信息管理要素分析

案例研究发现，BIM 监测信息管理在各领域的探索性应用中取得了一定成效。尽管各案例在技术路线上存在差异，但 BIM 监测信息管理的实现是存在共同要素的，即：工程信息的标准化管理，监测数据与模型的动态关联，监测信息的可视化表达，与其他技术的集成创新。

（一）工程信息的标准化集中管理

工程信息标准化集中管理是以充分挖掘工程信息价值为目标，对工程信息进行分类、处理、传输、存储，形成工程信息集合以便于各环节调用的策略。工程信息通常来源多样、形式各异，若无法化繁为简，则无法实现工程信息在各环节之间的顺畅流通，将限制 BIM 集成管理工程信息的能力。

工程信息的标准化集中管理包含三个方面：一是监测数据的标准化，即实现监测数据文件格式、报送方式、存储形式的标准化；二是工程信息的数字化，使工程信息适应 BIM

应用，保障信息稳定性、精确性、互用性；三是工程信息的集中管理，为工程管理各环节软硬件对工程信息的快速调用，为工程信息的关联分析提供通路。

（二）监测信息与 BIM 模型的动态关联

BIM 与工程监测信息是相对独立的信息集合，实现 BIM 监测信息管理的首要任务是建立两者之间的联系，实现动态关联。

分析案例中监测数据与 BIM 模型关联模式，主要有以下三种：一是基于 IFC 标准文件的关联，将监测数据转化为符合 IFC 标准的信息，将其添加到 BIM 模型文件中，作为属性信息即时赋予对应 BIM 构件；二是通过窗口链接的方式实现信息管理，通过设置 BIM 模型内部构件与对应监测信息查询窗口之间的链接，点击构件实现对应实时监测数据的查询；三是通过线索（如统一编号、时间轴）关联二者，赋予 BIM 模型与监测数据关联线索，在第三方窗口实现二者结合，以过程模拟的方法实现动态关联。

（三）监测信息的可视化表达

BIM 模型对监测信息的可视化表达是 BIM 监测信息管理的核心能力。监测数据可视化是对监测结果的可视化，是建立在监测信息分析的基础之上的。为此需集成对监测数据的分析能力，需依据设计、规范、计算、经验设定监测数据的判定逻辑，利用软件工具快速判断监测数据并输出结论。

监测数据可视化的常见表达形式有两种：一是以色彩区分的可视化，如色彩分阶的方式；二是几何表达的可视化，如三维柱状图。对于不同技术内核的方案，实现可视化方法也有很大区别，但整体上可分为两类：一类是直接对模型文件进行修改编辑的方法，可通过 IFC 标准文件编辑直接修改模型属性，也可通过参数化建模快速生成对应实体，实现监测信息可视化；另一类是在模型渲染的过程中将对应属性直接表达的方法，例如在图形引擎渲染模型过程中直接反馈监测信息。

（四）与新兴技术的集成创新

BIM 技术是 BIM 监测信息管理的核心，其数字化特性为整个体系提供了的高度开放性，使 BIM 监测信息管理能够与其他具备数字化特性的信息技术高度兼容，是 BIM 监测信息管理的关键优势。

BIM 监测信息管理在监测信息采集方面可通过与无线传感器网络、点云扫描、倾斜摄影等先进信息采集技术的集成创新，在提高工作效率与数据质量方面取得显著成效。

数字化的 BIM 模型通过简单编辑与处理可导入专业分析软件，如 ANSYS、Abaqus，省去信息的重复输入。在此基础上，BIM 监测信息管理可将 CAE 软件作为系统内的分析模块，以软件模拟工况，计算与推测监测数据指标，为监测数据设定参照指标；同时也能以软件分析监测数据，对相关参数指标的发展趋势进行推导与估测。BIM 监测信息管理也能通过整合 GIS 等信息工具，通过功能互补，实现能力扩展。

在 BIM 技术快速推广的当下，BIM 监测信息管理作为 BIM 在工程实践阶段应用的关键部分，受到越来越多的关注。但案例分析发现，各项目在实际应用过程中，采用的技术方案及实现的应用效果有较大差异，尚未形成完整标准，整体而言，BIM 监测信息管理目前仍处于探索阶段。在案例分析基础上，总结了实现 BIM 监测信息管理的四要素，为 BIM 监测信息管理实现的基础，也是其进一步发展的方向。相信随着相关技术与理论发展，BIM 监测信息管理逐渐将形成统一标准，其内容与方法将不断丰富，逐渐将成为工程信息化管理的重要跳板。

第二章 信息管理技术基础

第一节 信息技术概述

从一般逻辑上来分析，信息技术哲学的话题提出，主要是"从传统哲学角度去关注现代化信息技术"与"物理信息技术领域寻找哲学一般解释"的双向合力。从信息技术哲学的是论、存在论、要素论、问题域、前沿性等几个领域展开具体的论述，并就相关的基础性问题、前沿性话题进行了研究。

一、信息技术哲学研究的提出

（一）信息技术哲学问题的产生

当下，日新月异的"信息技术体"不断倾向于大众化、智能化、数据化以及便捷化，生活在其中的每一个人无时无刻不有一种"切身之感"，很多过去不敢想象的事情正在虚拟现实以及物理现实中不断涌现出来，与此同时，一些传统社会中无法想象的具体困惑，也正在累积起来形成一种"信息气候"。然而，时刻出现的信息技术现象并不代表着信息技术时刻都能解决人类社会的具体问题，甚至不断演变出来的新的信息技术还时刻制造着人类无法预料的新问题。比如，在信息网络社会到来之前，大多数社会群体主要是生活在一个与现实交融的环境中，人类的困惑也主要来源于客观实在以及现实世界中的经验、感知和诠释等方面。伴随着人类进入到信息技术时代，与之前不同的是，在物质世界与精神世界之间又出现了一个极强的"中间新实在"，这里的新实在不同于物质实在，也不同于精神存在，可以称得上是一种"双不同"，这种"双不同"一方面更有力地解释着传统社会遗留下来的旧问题，另一方面也不知不觉地延伸出了诸多新问题。诸如：信息技术劳动（虚拟劳动）是否创造着信息人本身；信息需要是否已成为当代人的基本生活需要；信息关系是否是当下人类社会关系总和的特殊组成部分；信息自由是否是人类自由发展的一种新实现等。就这样，信息技术硬生生地将人类的集体注意力转移到了一种全方位的灵活的异乎寻常的社会语境当中。

（二）信息技术哲学是两种趋势的结合

在理论来源问题的探究上，信息技术哲学存在于两种视界。

第一种是信息技术的哲学视角解读。通俗理解为"信息技术进入到哲学视界"，实际上这是"信息"到"信息技术"到"信息技术哲学"的逐步跨越、深度渗透，属于信息技术的再加工、深加工，体现着"哲学"在信息技术领域的重要性，也反映出哲学问题在信息技术领域的矛盾性增强。自此，人们不得不改变先前的一切思考节奏，逐步在认识领域抬升了"介于主体与客体之间的中间地带"的地位，"信息技术"这一存在在特点上更为宽广、更为独特，正是在这种新的"解释学装置"下，一些关于人的问题与一些关于世界的问题才得以更加恰当的解释，还有人大声地疾呼："世界就是一台电脑。"

第二种是传统哲学理论的信息技术视角介入。通俗可以理解为"哲学慢慢转换到信息技术频道"，实际上就是"哲学"、"人文哲学"、"技术哲学"、"信息技术哲学"的哲学时代特征演变，这体现出信息技术在哲学领域的重要性提高。之所以从哲学角度去关注信息技术，是因为哲学必须面向具体的时代，尤其是时代最前沿——在当今时代来看，这是一个在"最有决定意义层面上"，信息技术重塑社会物质基础，进而建构出崭新社会结构、社会性质甚至人性观、宇宙观、思维与人的潜能等诸多领域的集合体。与"信息技术改变社会"同时，这也是一个"信息技术改变思维、认知与哲学"的具体时代。可以将其称之为信息时代、信息世界、信息社会、信息文明等。

综合来看，信息技术哲学就是"信息技术"与"哲学"两个核心组成要素的相互渗透、深度融合、交叉影响，并在此基础上相互建构的一种产物——我们也可以将其理解为"信息技术哲学化"或者"哲学信息技术化"，这既是对信息技术的哲学反思，也是哲学之花在信息时代的新绽放。

二、信息技术哲学的内容理解

信息技术哲学的内容丰富，既包含着悬而未决的传统哲学内容，又增加了很多信息技术领域的"信息技术专业性的"哲学内容，要理解信息技术并在此基础上实现深度把握其内容，还需要从多个方面去展开论述，至少有几个方面是不可绕过的：其一是信息技术哲学是什么？也就是信息技术哲学是论。信息技术哲学过去是什么？现在是什么？将来又会是什么？什么是信息技术哲学之"是"；其二是信息技术哲学如何存在？也就是信息技术哲学存在论。信息技术哲学是什么样子的存在；其三是信息技术哲学主要包含哪些方面？也就是信息技术哲学分支组成论；其四是信息技术哲学遇到了哪些具体的特殊的时代问题；其五，信息技术哲学的未来趋势怎样等。通过上述几个方面的内容理解，人们才有可能初步了解信息技术哲学的大致内容。

（一）信息技术哲学中的是论

信息技术哲学中的是论，也是一个极其复杂的具体问题，主要涉及以下几个方面：一是文字上的信息技术是论与内容上的信息技术是论；比如，有学者提出的"计算机技术哲学""网络技术哲学""通信技术哲学""数字技术哲学""媒介技术哲学""虚拟技术哲学"以及"智能技术哲学"都可以理解为信息技术哲学的主要方面，究竟这其中在内容上又有什么差异呢？二是日常生活中的信息技术是论与研究领域的信息技术是论。生活中的信息技术主要强调信息技术的外部现象特征观察，研究领域的信息技术主要是一种思辨性存在。三是不同历史时代语境下的信息技术是论也应该是不同的，现在信息技术演变如此迅速，即便是同一个名词指示下的信息技术在不同社会发展阶段其内容也是存在差异的；四是客观信息技术哲学是论与主观信息技术哲学是论。不同的专业在不同的理解思路下，学者们对信息技术哲学的概念理解也会不同。比如，"信息技术哲学是论"源于"信息技术是论"，"信息技术是论"又源于"信息是论"，信息是一个复杂的概念，有信息之状态属性说、信息之相互作用说、信息之意义说、信息之间接显示说，笔者注重从意义层面去理解信息技术。

（二）信息技术哲学中的存在论

信息技术哲学中的是论是一个侧重于思辨的领域，相对比而言，信息技术哲学中的存在论则是一个侧重于现象解读的领域。信息技术哲学虽然在字面关键词上是"信息技术"，但是这里的"信息技术"并不是一个孤立的存在，它更是一种比较难掌握的"多棱镜存在"。倘若站在不同的角度去观察信息技术，就会得出不一样的信息技术存在论。假如在观察信息技术时，侧重于将其理解为一种生活中常见的器具，那么信息技术哲学中的存在论主要是在强调信息技术是一种特殊的人工物，凸显出其外在性、技术演变性、系统性特征；假如在观察信息技术时，侧重于将其理解为一种人体不可分割的组成部分，那么在这里，信息技术哲学中的存在论主要是强调一种信息技术与人体延伸的高度融合，信息技术便成了人意识活动的外部显示；假如在观察信息技术时，侧重于将其看作是一种"社会功能化的具体产物"，那么在这里，信息技术哲学中的存在论主要是强调一种主客体社会关系的具体效应，信息技术也就成了人人对话的纽带；假如在观察信息技术时，侧重于将其看作是一种特殊的物质技术，那么在这里，信息技术哲学中的存在论主要是强调信息技术区别于一般物理技术的显著特征。相对于传统技术，信息技术在其演变过程中既有"增强的一面"——知识、软件、非实体因素方面，也有不断"退场的一面"——主体的独立性、客体的神秘性，二元的对立性等。

（三）信息技术哲学中的要素论

从要素组成部分等方面去分析信息技术哲学，可以将其理解为信息技术哲学体系建设中的框架搭建、过程梳理。倘若将信息技术看作是一个独立的整体组成，然后将其与哲学的具体组成实现一一对应，信息技术哲学也就可以划分为信息技术"本体论"、信息技术"形而上意义"（metaphysics）、信息技术"认识论"（episteology）以及信息技术"社会历史哲学"、信息技术"人本论"等；倘若将哲学看作是一个独立的整体组成，然后将其与信息技术的具体组成实现一一对应，信息技术哲学也就可以划分为"信息收集技术哲学""信息处理技术哲学""信息存储技术哲学""信息恢复技术哲学"等；倘若将哲学作为一个独立的整体组成，然后将其与信息技术相关社会现象一一对应，信息技术哲学又可以划分为虚拟哲学、智能哲学、共享哲学、大数据哲学、智慧哲学等。

（四）信息技术哲学中的问题论

信息技术哲学中的问题论，存在着两种趋势。首先，用哲学去解读不断变化的信息技术问题。"信息技术哲学"吸引着全世界诸多学者在此领域不断投入并产出，比如，美国著名学者拜纳姆将信息技术比喻为"数字凤凰"，学者米切蓝还介入到了"信息技术伦理、信息技术心理、信息技术本体"等信息技术更深层的分类研究，也有学者从研究的深度与广度预测，信息技术哲学之光必将会照向一切传统哲学问题之上。至此，信息技术就不仅仅是一笔"物质技术财富"了，它更是一笔"哲学技术财富"。源于此，一些诸如"信息技术民主""信息技术平等""信息技术鸿沟""信息技术隐私"等具体实践问题的哲学反思也是逐步得到了涉及。由此来看，信息技术哲学不是主观臆造的产物，而是一种哲学、技术哲学具体分支的时代产物，是对时代问题的积极回应、深度汇总，是对信息技术相关的本体分析、认识理解、实践指南和人的问题的把握。抑或讲主要包含着信息技术语境下的世界是什么样子，如何把握，信息技术的世界本源是什么，信息技术世界如何存在，信息技术世界怎样实在以及信息技术世界引发哪些具体的哲学问题等方面。其次，是用信息技术去解读不断变化的哲学问题。冷静下来分析，信息技术究竟能够给哲学带来什么改变？这也是信息技术哲学需要去思考的问题。哲学一向是以根本性、探究性而著称，日新月异的丰富多彩的信息技术是否真正触及到了人的根本性问题，是否在意人的根本性生活等方面都是值得去思考的。梳理发现，究竟哲学固守的阵地是否可以理解为以下方面：世界的本源本质探寻、世界的存在状态、人类实践认识、人的本质组成与实现等，如何有效地将这些根本性问题对接信息技术；与此同时，信息技术自身所涵盖的虚拟、智能、共享等具体表现在解决人的生理与心理需要的同时，是否也能得到一种哲学性的回应。

（五）前沿信息技术的哲学反思

信息技术是不断变化的，关于信息技术的哲学思考也是永远在路上，深度把握当前最前沿的信息技术哲学话题，将有助于人们从深层次去把握信息技术哲学的核心内涵、现代特征以及未来趋势。①物联网技术哲学。物联网是信息技术在新时代的新发展，强调信息技术语境下的物品互联，旨在满足人的物品需要。这种借助于 RFID、GPS、感应器、大数据等系统管理的实物互联，是一种人类新的存在方式吗？又是否是物质世界与精神世界的一种新融合呢？人是解放了？还是一种人的新异化呢？②心联网技术哲学。现代人逐步实现了在脑影像、思维识别、脑电反应等技术方面的突破，这就好比是技术读心术的一种网络进展，未来将人的思想投放在荧幕上，人们又应该如何认知物质与精神的区别呢？③人工情感技术哲学。无所不能的信息技术发达的现代社会，是否会出现一种"信息情感"，去弥补人的自然情感不足呢？情感识别、情感生产、情感量化等能否成为一种客观实在呢？在信息技术语境下，人类是更加掌握了情感的本质，还是会陷入一种情感困扰当中呢？④超人技术哲学。人类社会的活动概括起来无非可以分为两大类——趋利和避害，传统社会主要是在"避害"的圈圈里面打转，信息技术的出现，则促使着"趋利"被提上了人类社会日程，那就是信息技术在辅助人的同时，人们逐步实现了自身能力的全面提升，在可预见的未来，人类是否会进入到这样的一种情景中来，超人是否可能？超人是否是方向？

信息技术哲学是一个富矿，信息技术哲学领域的研究氛围至今依然是一种问题为主、体系建构为辅。在不断介入其中的探究中，信息技术的迅速变化虽然促使着自身还处于一种"摇摆"状态当中，但是依然能明显地感觉到信息技术对于世界观与方法论的冲击。同时，人类也需要哲学的否定性力量去深度把握信息技术现象的层出不穷。

第二节　新兴信息技术的介绍

信息管理与信息系统专业旨在培养具备系统思维、信息技术和管理科学的知识结构，并拥有利用信息技术解决管理问题能力的复合型人才。作为学科基础之一，迅速发展的新兴信息技术无疑会对信息管理与信息系统专业人才培养产生影响。特别是近几年，大数据、物联网、移动互联网和云计算等新兴信息技术的出现，给我国实现跨越式发展，我国企业实现转型升级，带来了前所未有的机遇，这对信息管理与信息系统专业的人才培养提供了巨大的市场需求，也提出了更高的要求。

一、大数据的影响

大数据（Big Data），指无法在一定时间范围内用常规软件工具进行捕捉、管理和处理的数据集合，是需要新处理模式才能具有更强的决策力、洞察发现力和流程优化能力的海量、高增长率和多样化的信息资产。大数据具有4V特点，即Volume（大量）、Velocity（高速）、Variety（多样）和Value（低价值密度）。

大数据的兴起，一方面让企业认识到数据已经成为重要的战略资源，数据管理能力将成为企业核心竞争力，直接影响企业的绩效。因此，企业将需要大量懂得大数据理论，掌握大数据技术，能够熟练操作大数据工具，进行大数据实践的专业人才。另一方面，也对信息管理与信息系统专业的人才培养提出了更高的要求。大数据要求学生掌握计算机、机器学习、统计学、数据挖掘等方面的知识、方法和工具。还要求能够应用上述知识，解决具体的应用问题，比如医学、营销、疾病预测、犯罪预测等，对学生知识结构的复合型程度要求更高。单纯地依靠现有的信息管理与信息系统的师资队伍，很难开设针对大数据分析的本科项目，需要整合管理、计算机和统计等方面的师资力量。可以预见，在不久的将来，大数据分析或者商务分析可能作为一个独立的本科专业开设，国内已经有高校进行了这方面尝试，比如哈尔滨工业大学。

二、物联网的影响

物联网（The Internet Of Things，IOT）是物物相连的互联网。在物联网应用过程中，传感器技术、RFID 标签和嵌入式系统的应用，使得信息系统的智能性增加，既能够了解对象的状态，如智能卡上的余额、二维码中包含的网址和名称等，也能实现对象的智能控制，如根据车辆的流量自动调整红绿灯的设置。基于物联网的信息系统智能性也给信息管理与信息系统的人才培养带来了挑战，主要表现在：

第一，在技术方面，要求学生掌握传感器技术、FRIF 标签和嵌入式系统等物联网关键技术，这样才能够深入了解物联网技术本身，也才能实现物联网技术的落地应用。

第二，在数据的获取方面，原有的信息管理与信息系统专业虽然也包括了一些自动化的数据录入设备，但更多的是手工录入或者从其他系统中的数据导入，而物联网的应用可以使得信息系统从数据产生的源头直接获取数据，这就要求系统分析和设计员掌握这些物联设备的数据产生过程，包括数据量、数据格式和数据存取方式等。

第三，在物联设备的控制方面，对物联设备的智能化控制提出了要求。原有的信息管理与信息系统更加强调的是管理信息系统的分析、设计和开发，以及系统运行过程中的数据管理，很少涉及对物联设备的智能化控制。在物联网应用过程中，不但要求对信息系统的管理，还要懂得对物联设备的控制。

第四，对安全意识和安全管理方面的要求。在物联网中，射频识别技术是一个很重要的技术。在射频识别系统中，标签有可能预先被嵌入任何物品中，比如人们的日常生活物品中，但由于该物品（比如衣物）的拥有者，不一定能够觉察该物品预先已嵌入有电子标签以及自身可能不受控制地被扫描、定位和追踪，这势必会使个人的隐私问题受到侵犯。因此，如何确保标签物的拥有者个人隐私不受侵犯便成为射频识别技术以至物联网推广的关键问题。而且，这不仅仅是一个技术问题，还涉及政治和法律问题。

三、移动互联网的影响

移动互联网（Mobile Internet，MI）是一种通过智能移动终端，采用移动无线通信方式获取业务和服务的新兴业务，包含终端、软件和应用三个层面。随着智能手机和移动通信网络的快速发展和普及型应用，人类的学习、工作和生活从 PC 端逐渐转向了移动端。移动互联网对信息管理与信息系统人才培养的影响主要表现在：

第一，信息系统评价标准方面。原有的信息系统开发更多的是关注算法的性能，包括时间复杂度和空间复杂度，也强调系统的易用性等，而移动互联网时代的信息系统更加强调用户体验，因此在系统分析、设计和开发过程中，紧紧围绕用户体验这一核心目标展开。

第二，开发技术方面的影响。信息管理与信息系统专业现在更多的是讲授在 PC 终端，进行信息系统的分析、设计和开发，信息系统运行的系统软件主要是 Windows、Linux、Unix 等。而在移动互联网时代，系统软件主要是 Android、IOS、Window Mobile 等平台，要求学生能够在这些移动平台下，掌握信息系统分析、设计和开发的知识和技能。

第三，人机交互方面的影响。传统 PC 端环境下，信息系统有比较大的显示空间，因此人机交互设计的要求较低。而在移动终端环境下，信息系统的显示空间非常有限，如何在优先的屏幕上，更好地实现人机交互，是信息系统分析、设计和开发的一个重要目标，这也在很大程度上决定了信息系统上线后，用户对信息系统的接受程度。

四、云计算的影响

云计算是一种新兴的信息计算服务模式，具备按需自助服务、资源池化、快速伸缩、按使用量收费的服务、广泛的网络访问等特征。云计算包括三种服务模式，分别是基础设施即服务（IaaS）、平台即服务（PaaS）和软件即服务（SaaS），按照部署模式，云计算包括公共云、私有云和混合云。云计算对信息管理与信息系统人才培养的影响表现在：

第一，信息技术硬技能的弱化。随着云计算服务的逐渐成熟，云计算市场的专业化和集中度将大大加强，信息技术基础设施、开发平台和软件将由若干大的专业化公司提供，企业只要按照自身需求进行服务选择，而不需要进行大量的系统分析、设计和开发工作，信息管理与信息系统学生也将更少地参与到这些工作中。

第二，信息技术管理能力的强化。虽然云计算的应用将会弱化信息管理与信息系统学生的信息技术硬技能，但是会增加信息技术管理能力方面的要求。一方面要求学生了解市场上主要云计算提供商及服务的主要特点，在明确企业实际需求的基础上，选择合适的云计算提供商及服务；另一方面，需要能够管理与云计算服务提供商的关系，确保云计算服务的质量。这些管理能力都是现有信息管理与信息系统教学过程中没有涉及的。

第三，安全管理能力的要求大大提高。云计算环境是一个开放、动态、灵活的共享计算环境，可以支持用户在内部以按需、易扩展的方式获得所需资源和服务，大大降低了信息系统建设及运维成本。在为企业用户带来灵活便利的云服务的同时，由于企业用户需要将原本运行于本地的信息系统、业务数据等迁移到多租户共享的复杂云环境中，给基于云的企业数据与信息系统安全性、可靠性提出了新的要求；此外，由于数据与计算资源的高度集中，云环境遭受攻击的风险以及遭受攻击后面临的损失也较以往成倍增加，对安全管理的策略与体系的要求也将更高。

第三节　信息采集、通信、处理技术

一、信息采集技术

网络信息资源极为丰富，概述起来有以下几个特点：一是数字化、网络化、虚拟化；网络资源以存储方式数字化、传播方式网络化、形态结构虚拟化的方式在网上表现出来。二是内容多样性；网络资源包罗万象，具有大数量、多类型、非规范、跨时空、内容良莠不齐、质量高低不等的特点。三是资源分布无序性；网络资源的构成和分布杂乱无章，缺乏统一的结构和组织。四是资源开放性；网上资源是开放的、相关联的，用户只要将计算机连接在网络上，就可以任意浏览并下载这些网络资源。五是动态性；网上资源跨地区分布，高速传播，更新淘汰周期短、变化快、不稳定，呈高度动态性和很强的时效性。六是互动性；在网上可以形成广泛的论坛氛围，专家可以就某一专题开设电子论坛，在网上直接交流讨论、反馈用户信息，具有很强的互动功能。七是增值性；网上信息资源开发与建设的最终目的是服务。用户在网上利用各种手段查找所需的信息内容，在这一过程中信息被反复利用，不但不会导致网上信息资源损耗，反而可使信息增值。

（一）网络信息采集简述

1.采集方式

在现在的互联网世界里，我们接触最多的网络信息是以 Web 页面形式存在的。另外，电子邮件、FTP、BBS、电子论坛、新闻组也是互联网上获取信息的常见渠道。平常，我们通常利用一些客户端软件手工链接到信息源去获取信息。例如，在 win7 平台上用户即可运用 Ie、谷歌、搜狗、有道、360 等各类浏览器上网浏览所需的网页内容；运用搜狐邮箱、QQ 邮箱、Outlook 等收发邮件；运用迅雷等软件下载软件、电影、歌曲等。上述客户端或软件为用户上网或下载提供了方便，但均需通过手工输入链接以获取到所需的信息。当今网络信息爆炸，大量的信息汇聚在一起，单纯依靠手工输入的方式无形中增加了搜索的工作量和难度，难以满足用户的需求。因此，基于上述情况，信息采集与推送技术应运而生，为用户浏览信息和接收信息提供了极大便利。

2.采集技术

在网络信息时代，短时间内获取大量信息的最有效方式就是信息采集，尤其是在创建新站点的过程中信息采集是最常用的方式。运用采集软件或采集器即可从特定的采集对象中自动获取到所需的信息，以填充到新站点之中。网络搜索引擎也是通过一个叫作 WebCrawler 的机器人程序负责网络信息的采集工作的。WebCrawler 是一种能够利用 Web 文档内的超链接递归地访问新文档的程序，它以一个或一组 URL 为浏览起点，对相应的

WWW 文档进行访问。当一个文档上传到服务器之后即有可能被搜索引擎抓取以创建文档索引，该文档中蕴含的超链接则会被 WebCrawler 再次抓取且再次创建新的文档索引，如此循环。一方面，为 WebCrawler 的抓取工作提供了海量的资源；另一方，丰富了网民的网络世界，实现了信息的快速流通。这种信息采集方式集合了定题收集与定向收集以及跟踪收集等方式，具有采集灵活与方便的特性。

3. 推送技术

网络公司根据自身的需求运用相应的网络技术并设定一定的标准，从海量的网络信息世界中采集所需的信息，经过加工处理之后再传递给用户。在该模式下，用户没有主动获取信息之权而且被动地接受网络公司提供的信息，但却节省了自身搜集信息的时间与成本。

（三）网络信息采集技术类型

1. 网络信息挖掘技术

网络信息挖掘技术是指在主题样本的基础上，得到数据间的内在特征，并以此为依据在网络中挖掘与用户需求一致的信息的技术。它是数据挖掘技术在网络中的应用，整合了全文检索、人工智能、模式识别、神经网络等技术。网络信息挖掘根据用户提供的主题，提取主题特征信息，根据主题特征自动在网络中挖掘信息，然后对挖掘到的信息进行整理，导入信息库，以备过滤之用。

2. 网络信息抽取技术

网络信息抽取技术是指从网络自然语言文本中抽取更符合采集主题的信息，并形成结构化数据输出的技术。它是在机器学习、模式挖掘、自然语言处理等技术基础之上发展起来的一项新技术。网络信息抽取步骤主要分为命名实体识别、句法分析、篇章分析与理解以及知识获取。①命名实体识别。命名实体是文本中的基本信息元素，是正确理解文本的基础。命名实体是现实世界中的具体或抽象实体，例如通常由唯一标识符（专有名称）表示的人员、组织、公司、地点等。②句法分析。它是计算机通过语法分析来理解自然语言的基础，例如完整的分析树或一组分析树片段。③篇章分析与理解。一般来说，用户的兴趣通常在文本的不同位置传播，文本中隐藏着很多。为了从文本中准确提取相关信息，信息提取系统必须能够识别文本和文本之间的常见现象。如果文本的来源更广泛，许多文本可能会描述相同的实体，并且不同文本之间将存在语义歧义。如果同一个词有不同的含义，不同的词意味着一个意思。为了避免信息重复、冲突，信息提取系统需要识别和处理能力参考现象。④知识获取。作为一种自然语言处理系统，网络信息抽取技术需要知识库的支撑。知识库主要包括：词典、抽取模式库、篇章分析和推理规则库等。

（四）网络信息采集过程中的质量控制

1. 网络信息内容的选择

由于当今网络站点数以万计而且每日处于增长之中，信息每日俱增，大量内容相似乃至重复的内容充斥其中，对于用普通用户而言难以控制信息的重叠，只能被动地接受。尤其是在我国网络管理制度不健全的大环境下，加之搜索引擎在创建之初缺乏信息，并未对信息进行分类和筛选而是全盘接收，由此直接导致了网络信息的泛滥与内容低质化。当用户搜索过程中，搜索引擎呈现出来的是多样化且相关性不强的内容，增加了用户选择的时间和成本，不利于网络环境建设与信息采集。为此，在信息采集过程中必须要制定相应的控制措施，合理选择内容，针对性进行采集。

2. 网络信息的采集策略

综合上述分析，在信息采集过程中可制定以下几点采集控制措施：其一，根据需求合理控制信息采集的深度，以节省资源和提升效率。针对网页链接层次较深的站点，全站采集不仅难度较大而且极耗时间，因此结合信息内容确定网页深度，达到一定的深度即可无须再进行采集；其二，根据采集信息的内容，剔除无关紧要或无须采集的链接。一个站点包含了大量链接，其中可能存在诸多重复链接与死链等，对于这样的链接在采集过程中应加以规避，避免占用采集资源；其三，限制搜索跳转。作为专业搜索引擎，要采集的信息资源通常集中在几个固定的初始网站内，这样就不希望网站采集器跳转到其他网站；其四，根据采集需求，剔除无须采集的文件类型。任何一个网站均含有诸多文件类型，视频、动画、图片等而且图片又可以分为 .bmp，.jpg，.gif 诸多格式。因此，在采集过程中可根据需求设定采集条件，剔除掉无须采集的文件类型，避免其占用有限的采集资源，提升采集效率。

二、信息通信技术

随着社会经济的不断发展，互联网技术的应用领域不断延伸，其中一个极为重要的部分就是物联网领域。顾名思义，物联网就是互联网在实物界的体现，并且已逐渐成为各国发展研究的重点，众所周知，物联网技术具有广泛性和移动性，且与我国社会的健康发展有着千丝万缕的联系，因此相关部门需要对物联网发展予以足够的重视。近年来，随着信息通信技术的大面积普及，物联网有了更多更好的发展环境，其发展基础也更加坚实稳定，该文就信息通信技术在物联网中的应用做了简要介绍，希望能够促进物联网技术的发展。

（一）物联网

1. 物联网的概念

物联网实际上是互联网的一个发展和延伸，是在互联网或者局域网的作用下，运用一定的信息技术将控制器、传感器、实物物品和人员联系在一起，形成一种物与物、人与人以及物与人之间的智能化、信息化可控网络。它一方面涵盖了互联网中的所有技术和资源，另一方面还具有易于与实际物质兼容的特点。总结来说，物联网技术主要包含以下 3 个方面优势。首先，物联网能够对实际存在的物体信息进行控制，并且通过信息传感器能够对控制资源进行整理和组合。其次，通常情况下，在信息技术的支持下物联网能够将全部信息传输到网络终端，且在传递的过程中能够保证信息的可靠性和安全性。最后，信息数据在传递的过程中，操作人员能够在终端进行控制操作，通过这种方法物联网就能够对实际物体进行严格掌控。

2. 物联网的基本功能

物联网的基本功能是能够对物品实施实时性的连接和在线服务，举个例子，物联网最基本的功能包括 5 点。①在线监控，即可以对物品进行实时的、连续的监控。②定位追踪，通过传感器以及移动终端中的 GPS 技术得以实现。③联动报警，当系统中存在异常运行时，能够自动触发报警功能进行提示。④指挥调控，即能够对事件进行科学分析并根据实际情况采用合理的方式进行指挥调控。⑤远程保护，即物联网系统能够通过一定的控制技术对设备进行远程保护，解决了过去实物出现问题必须现场维修的弊端。

3. 物联网的特点

传统的信息系统能够很好地实现人与人之间的无障碍交流，使人们之间的交流不再受时间和空间的限制，而信息的传递不仅包括人与人之间的语言文字信息，还包括人与物、物与物之间的数据信息，在此背景下物联网技术应运而生，通过物联网的连接，能够使世界上的物品之间的实时连接成为可能。另外，由于大多数物品都具有私有性，也就是说大多数的物品都是私有物品，在互联网中传递的信息也都属于私有，因此物联网在进行信息传递的过程中需要有较高的安全性和隐秘性。开发并运用物联网技术的主要目的是实现对物品进行远程控制，为了保证人们能够随时随地通过网络掌握物品的信息和状态，就必须具有安全可靠的网络支持，因此物联网还具有可靠性。

（二）物联网的实际应用

近年来，物联网在社会生产生活中发挥着不可替代的作用，各行各业的发展都已离不开物联网的支持和配合，据不完全统计，运用物联网技术最广泛的领域包括医疗卫生领域、建筑工程领域以及运输物流供应领域等。

1. 物联网在医疗卫生领域的应用

物联网在医疗卫生领域的应用主要可以从 3 个方面进行阐述。首先，我们不难发现，当前医院对于患者的管理已经彻底摆脱了人工手工登记阶段，患者在挂号的同时会获得一张电子医通卡，患者在医院就诊时无论是做检查、取结果还是交费用都可以使用电子医通卡获取必要信息，在省去医护人员登记记录过程的同时，也大大简化了患者治疗中的不必要流程，节省了患者的时间。另外，物联网技术的应用代替了传统人工工作，很大程度上降低了手工登记过程中出错的概率。其次，在医疗卫生领域引入物联网技术，医生在进行治疗时能够对患者的治疗历史进行充分的了解。最后，物联网技术的应用能够让医护人员第一时间了解患者身体变化情况，例如在患者手腕上佩戴含有集成医学传感器的手环，医护人员在监控室通过对传感器数据进行监控就能第一时间发现患者身体的变化，从而采取相应的急救措施。

2. 物联网在建筑工程领域的应用

随着我国建筑工程事业的快速发展，物联网技术在建筑工程领域也发挥了重要作用，例如在电梯中设计的"电梯卫士"程序，就是在电梯中安放经特殊设计的传感器，当电梯在运行过程中出现停电、骤停等故障时，传感器能够及时将故障信息传递给后台技术部门，电梯技术部门根据传感器报送的故障信息第一时间进行故障处理。另外，物联网在建筑照明控制中也有较高的普及度，通过物联网的连接和统计，照明控制中心能够精确获得建筑系统中照明设备的应用情况，进而便于控制人员根据实际需求对照明系统进行宏观控制，此外，电路维修人员也可以通过物联网系统了解照明设备的使用情况，能够及时发现损坏的设备，将照明系统对人们生活产生的影响降到最低。

3. 物联网在运输物流供应领域的应用

物联网技术在运输物流供应领域也发挥着极其重要的作用，在运输货物时，通常在物流中安装相应的电子标签和读写设备，远程调控人员可通过电子标签和读写设备了解流通货物的实时情况。例如国内大部分快递公司都将物联网技术融合到自身服务系统中，平台人员能够在客户有需求时，根据电子标签及时获取货物的相关信息，从根本上提升了自身的服务质量，也提升了客户的体验感。另外，在物流运输中融入物联网技术，也使内部工作人员的工作量大幅度下降，提升了工作的准确性和针对性，更有利于物流企业的长远发展。

（三）信息通信技术在物联网中的应用

1. 信息通信技术在物联网中的应用方式

信息通信技术在物联网中的应用。主要包括对信息的收集、信息的交流以及信息的接收，这3个步骤构成了信息交流的整体过程。在物联网中，信息的收集、交流和接收主要依托于信息通信终端得以实施，这种方式能够在很大程度上提升信息的收集利用率。另外，由上文的分析可知，在对信息数据进行传递运输的过程中，信息传递的稳定性会对交互的质量甚至整个物联网系统产生决定性影响，因此为了更好地实现信息的有效传递还必须对网络进行必要的维护与管理。具体来说主要包括对终端客户的维护管理、对终端设备的维护管理以及对网络环境和网络使用性能的维护和管理等。在良好有效的管理下，用户信息与用户安全能够得到相应的保障，并且通过对干扰的不断排除，能够提升设备的使用效果，进而保证信息通信技术在物联网中的应用水平得到大幅度提升。

移动通信在物联网中的应用。随着现代通信技术的不断发展，移动通信技术的应用领域变得越来越广泛，在物联网体系中，移动通信技术也发挥着不可替代的作用。移动通信的主要组成部分包括可移动终端、通信网络系统以及网络安全防控系统等。在物联网系统中，移动通信终端的应用指的是将移动终端作为信息接入设备，在移动终端的作用下，通信网络将不再受到时间和空间的限制，网络当中的各个信息节点也能够得到更好的连接和利用。移动通信技术的应用方向还包括网络应用方向，借助于网络物联网同样能够连接信息中的各个节点，例如近年来在家居中被广泛应用的物联网网络系统——网络家电，指的就是将过去普通的家电通过网络技术和智能技术实现彼此之间的连接，通过手机、遥控器等通信终端实现远程控制，这种技术大大提高了人们生活体验感。值得一提的是，现有的4G 网络环境已经能够基本实现数据传输的高效性和稳定性，保证了物联网的应用质量和应用水平。随着我国 5G 网络工程建设的不断推进，相信在不远的未来，物联网技术必然会更加稳定完善。

卫星定位系统在物联网中的应用。除了以上介绍外，物联网系统还有很多更重要的用途，例如在道路交通中的应用、在城市安全环境中的应用、在市政建设中的应用、在物流追踪管理甚至在城市监测中的应用等。这些应用都需要借助卫星定位系统的力量，例如在对物流运输情况进行实时跟踪时，借助于卫星定位，通过物联网能够及时准确地查询出车辆运行状态和物流运输信息，我们在日常生活中对淘宝货物的追踪以及对外卖订单的实时跟踪都运用了物联网的这一功能。

2. 信息通信技术在物联网中的措施

信息通信技术与物联网技术在特点和功能上有较大的相似度，因此在运行中信息通信技术能够更好地提升物联网的相关性能，但也需要明确的是二者的传输对象有所不同，导致信息通信技术无法直接应用在物联网中，因此需要相关研究人员进行一定的创新和维护。对于信息通信技术来说，它能够较好地实现对数据的传输，但是却不能直接控制物品，因此为了克服这一缺陷，应该在物联网内部设置传感器，通过传感器能够及时对物品进行管理和控制。

（四）信息通信技术的应用展望

物联网技术在我国众多行业中已经得到了良好应用，实现了对物品进行智能化管理的目标，随着信息通信技术的不断发展，物联网网络的应用范围还在进一步扩大。在未来发展中，要想使物联网获得更高的普及度，还需要对市场进行一个统一的规范和正确的引导。同时产品研发人员还应该积极研发出能够吸引大众且恰当科学的业务产品，进而促进通信技术以及物联网的发展。

综上所述，信息通信技术与物联网有着密不可分的联系，因此为了更好地发挥物联网的积极作用，应该对信息通信技术进行一定的更新和改进，使其为人们的生产生活提供更大的便利。

三、计算机信息处理技术

随着网络技术的快速发展，计算机越来越多地被人们应用到日常生活中，因而对计算机信息处理水平提出了更高要求。运行速度、对庞大信息的处理能力和精确度成为选择计算机信息处理技术的重要参考标准。本节通过探讨计算机信息处理技术的发展及现状，阐述计算机处理技术的作用。

随着现代化进程不断加快，人们面对的数据信息越来越多，传统的信息处理方法已经难以满足社会发展的需要。随着计算机技术的不断发展，企业为了提高办公效率，不断将计算机处理技术应用于工作中。

（一）信息处理技术的变革史

1. 语言的出现和使用

为了扩大人类的交流活动范围，在日常生活和生产中，人们需要表达自己的想法，彼此之间进行信息交换，因此产生了语言。

2. 文字的发明

人类文明产生语言艺术以后，越来越多的信息需要被记录下来，因此，大约在5000年前出现了文字，文字作为一种信息载体，大大促进了信息的积累。这个时期，除语言外，文字逐渐成为人类进行交流的第二种方式。

3. 印刷术的发明

随着信息的积累，传统的经验逐渐变成了知识。知识的传递需要一种介质，印刷术在北宋被我国毕昇发明出来。

4. 电报、电话、电视的使用

18世纪40年代，美国人莫尔斯发明了电报；1876年，贝尔发明了电话；1895年，无线电诞生；1923年，英国广播公司成为第一个广播公司。随后，聪慧的人们发现利用电磁波可以承载记录信息，人们迎来了电磁波时代。

5. 信息技术

信息技术的核心是电子计算机技术和通信技术。计算机的发展和现代通信技术的使用把人类利用信息资源的技术发展推进到了计算机通信的新时期。计算机和信息技术的结合不是简单的叠加效应，而是产生了放大效应。计算机的运用涉及生活的方方面面，包括经济、卫生、医疗、军事等各方面，且产生了巨大的应用成效。

（二）计算机信息技术的现状

计算机技术越来越多地被应用于各个方面，涉及的领域越来越广泛。在日常生活中，计算机网络技术最便利的操作即网上银行。不管我们在哪里，只要能上网，就可以在网络上进行金钱交易。在教育事业上，使用计算机多媒体教学使课堂变得更加生动有趣，学习方式更加多样化，激发了学生的学习兴趣。在医学领域，利用计算机系统的仿真技术让学生在网络平台上学习仿真解剖，各式各样的医疗设备、医学影像技术促进了医学行业的发展。在商业方面，网络化、信息化的管理模式提高了办公效率，节约了时间和成本。在政府和家庭方面，网络技术渗透到方方面面，计算机搭建起了员工之间工作沟通的桥梁。此外，政府还可以通过网络和民众进行交流反馈，通过网络向群众公开政府的各项政策。在家庭生活中，计算机的智能化水平给人们的生活带来了极大便利。

（三）计算机信息处理技术的含义

计算机信息处理技术就是集获取、输送、检测、处理、分析、使用等于一体的技术，其作用是对其所能够搜集到的各项信息进行管理和控制[1]。传感技术、通信技术、计算机技术和微电子技术是计算机信息处理技术的几个关键技术。随着计算机的不断发展，硬件和软件技术都迎来了蓬勃发展的黄金时期。在日常生活中使用计算机已经变成了一件很平常的事情，再加上尖端计算的突破，笔记本电脑的不断普及，计算机技术给人们带来了较大的便捷性，弥补了传统方法的缺陷。计算机信息处理技术的不断发展，不仅使各种事情的处理变得信息化、自动化，而且减轻了人们的劳动力负担，节省了大量时间，大大提高了员工的工作效率。

（四）计算机信息处理技术的类型

1. 信息系统技术

当前社会上的信息处理大都是通过计算机网络实现的，互联网技术正在发挥其强大的作用。所谓的信息系统技术指的是以计算机为核心，通过通信网络技术和数据库的应用实现对信息的处理。

2. 数据库技术

随着大数据时代的到来，人们每天能接收到成千上万的信息，但信息是否有效可靠并不能得到保证。利用数据库技术可以帮助人们在眼花缭乱的信息中收集到有效准确的信息。将信息进行整序是数据库技术的关键内容，它能将搜索到的有效信息进行整理，便于信息的保存和应用。

（五）计算机处理技术的作用

1. 计算机处理技术在网络安全问题中的作用

计算机网络信息处理技术是一把双刃剑，可以帮助人们解决很多问题，也可以使人们走上犯罪的道路。早在 2014 年，高技术网络使用者李某利用接近公安车管系统的机会，非法闯入连云港市的公安局车管系统，短时间内删除了 1.4 万交通违章记录，给国家造成了 1000 多万元的损失，自己捞金 600 万元。由此看来，不管是对百姓还是机关政府来说，网络技术的安全问题不容忽视。随着互联网技术的广泛应用，网络的安全性成为一个很有争议的话题，在网络上没有什么东西可以成为秘密。在我们的日常生活中，网络可以成为一个发泄的平台，但我们更关心的是使用网络技术的同时个人信息资料是否能够得到保护。在计算机信息处理技术方面，我们应该加强信息过滤技术，拒绝未授权的访问者，防止系统被黑客恶意攻击，同时还可以采用多层防护措施，利用计算机数据的收集和反馈分析，将侵扰降到最低。

2. 计算机信息处理技术在军事上的作用

随着科技的不断发展，应用计算机信息处理技术已经成为人们生活中不可缺少的一部分。不管我们在哪里，是什么身份，都需要通过网络技术实现对工作的信息传递。网络的出现不但让生活变得更加快捷，而且减轻了人们的劳动负担，提高了工作效率，降低了生产成本，生产力得到了解放，为世界发展做出了难以估计的贡献，我们谁也不能否定计算机发展给人类生活带来的便利。

（1）信息处理技术是信息作战武器化的关键要素。使用信息化武器系统，精确打击、实体摧毁敌方指挥控制机构和系统是信息作战的主要内容。而武器装备的信息化离不开信息技术的处理，它能有效推进了武器装备的信息化进程，弥补了传统武器装备在精准化、智能化、远程化、隐身化等方面的不足。采用计算机信息化的武器系统，把传感装置、计算机、控制系统和战斗部队有机结合在一起，使武器系统的发射和对目标的判断、识别、精准定位和跟踪实现了自动化，大大提高了杀伤力，信息作战武器给网络系统带来了更加强大的防御能力。

（2）信息技术处理技术是开辟信息作战战场的物质基础。计算机网络作战是信息作战的关键作战行动，是在"计算机控制的空间战场"，综合利用计算机的进攻和防御手段，控制信息，削弱和摧毁敌方的计算机系统，并使得已方计算机网络得到严密防护的信息作战行动。随着信息技术的快速发展，计算机的应用越来越普遍，涉及的空间范围越来越大，开辟了新的信息作战战场，未来的胜利者将属于抢占新的信息作战战场的一方。

现代社会是网络技术高速发展的社会，网络信息的数字化处理成为个人、企业不可缺少的一部分。这种信息化不仅提高了工作效率，还能使人们做出更加准确的判断。科技的发展将在人类的生活中产生更加深远的影响。

第四节　项目管理的信息获取和信息分析
——理论框架和案例分析

在许多科学研究中，研究结果是否有效与研究初始所采用信息的真实性、有效性、完整性等因素紧密相关。文章在对信息的内涵、类别和特征等概念进行分析的基础上，就如何科学地采集信息、如何对所采集的信息进行科学的鉴别、筛选、归类和整理进行探讨。并在此基础上，以一科研项目的信息收集为实例，就信息收集的原则、前期的准备、信息采集的方法等内容进行介绍，为建立科学的工程项目管理指标广义提取规则奠定基础，提供依据。

一、研究背景

科学研究的举证主要来源于与现实紧密联系的大量实证性资料和信息，因此，许多研究者在其科学研究的过程中，就常在研究之前，对研究对象进行大量的信息调查和信息获取，为确保研究结果的有效性提供依据。一般而言，调查所获得的资料和信息都是与研究对象具有一定相关性的信息表象，这些信息表象或以数字表达，或以图像描述，或以言语表述。但由于信息中总含有若干伪信息和冗信息，因此，如何确保所获取信息的真实性和如何消除信息冗余就成为对研究对象进行分析过程中必须思考和解决的一个主要问题。

研究者在获取研究对象的信息表象时，一般将会根据研究对象的特点和获取信息表象的便利性来考虑信息表象的获取方式和方法。这些方法呈现出明显的多样性，如有些信息是从研究对象的案例中获取的，有些则是通过现场调研收集的，还有些是通过文献参引得来的。很显然，不同途径得来的信息将会有不同程度的真实性和可靠性，这就必然会给研究结果的有效性带来不同程度的影响。因此，在分析和研究某一问题之前，通过何种途径、采取何种方法、如何获取真实、可靠的研究对象信息，并如何对获得的信息进行辨识就成为研究者在获取研究对象信息之前首先必须认真思考和对待的问题，这也是规范指标研究方法首先需要解决的核心问题之一。

二、项目管理的信息获取框架

（一）信息的内涵

给信息下一个非常确切的定义反而却不是很容易的。尽管如此，这并不影响人们对信息本质及其特征的认识。从信息的本质来讲，信息是客观存在的一切事物通过物质载体所发生的消息、情报、数据和信号等可传递、可交换的知识内容，是对事物运动状态、内外特性、存在方式等方面的描述，也是关于事物的运动状态和规律的表征。在这里，事物泛指一切可能的研究对象，包括外部世界的物质客体，也包括主观世界的精神现象，而运动泛指一切意义上的变化。运动状态是指事物运动在时间和空间上所呈现的过程和规律。消息是信息的外壳，信息则是消息的内核，数据则是记录信息的一种形式。

（二）信息的获取方法

信息采集的具体方法有很多种，如有调查法、试验法、搜寻法、实验法等，每种方法的所获取的信息具有不同的特点。在信息采集中应结合研究所需，确定信息采集的方法。

1. 搜寻法

搜寻法是最常用的一种方法。如研究者可以通过阅读图书、报纸、期刊、资料等方式获取信息，也可以通过复制图书、磁盘、光盘中的某些内容来获取信息，还可以下载网上查到的相关资料或图片以及通过文献检索系统获得专门的信息。

2. 调查法

调查法是一种最普遍的方法，它是指信息采集者通过观察和询问，对客观实际进行深入细致的了解以获取信息的一种方法。按照调查途径的不同，调查法可分为人员访谈、现场调查、通讯调查和问卷调查。人员访谈是信息采集者与调查对象进行交谈和个别访问的一种方式。现场调查是一种直接获取信息的有效方法，在现场调查中，不仅可以获得相关人员对调查问题的直接阐述，而且还可以使调查者获得直接的感受。通讯调查是信息采集者借助于信函、电话、E-mail 或网络交流等方式进行的调查。问卷调查是信息采集者将需要调查的内容设计成一种调查问卷，提出若干问题，由被调查者填写后返回，从而获得所需调查信息的一种调查方法。

3. 观察法

观察法是指信息采集者在对客观对象不加任何干预的前提下，通过视觉、知觉和听觉来获取信息的一种方法。在采用这种方法的过程中，观察者有时为了记录得更加准确、系统和完整，常借助于一些仪器进行观察，如摄像机、录音机、照相机等。

4. 实验法

在自然科学研究中，有时根据研究的需要，需利用一定的仪器设备，人为地控制或模拟某些研究对象的运行过程。这种方法由于可以受到人的调控，因而在某种程度上可以排除干扰，突出主要因素，获取研究者专门所需的信息。

5. 探测法

这种方法主要是对一些资料缺乏、情况不明、无人知晓的地下管线、地下设施进行调查的方法。由于这类信息常常是通过仪器而得到的，因而也可以说是现场调查法中一种特殊的调查方式。

（三）信息辨识

信息辨识有时也被叫作信息鉴别，它是对信息内容的可靠性予以认定的工作过程。这个可靠性包括信息事件本身是否真实存在、信息内容描述是否正确，信息过程的表述是否准确、信息相关数据有无遗漏和失实等情况。

一般来讲，辨识信息的方法有查证法、核实法、比较法、逻辑法和信源法。查证法是利用有关的工具书和其他相关的资料或文献来查证本信息的方法。核实法是用可靠的标准对所采集的信息进行核实的方法。比较法是用从其他渠道获得的同类信息与本信息进行比较，以验证本信息可靠程度的方法。逻辑法是通过对信息本身所提供的材料进行逻辑分析，以发现本信息中的破绽或疑点来确认本信息可靠程度的方法。信源法是根据信源的可靠度来推定信息可靠性的方法。

（四）信息筛选

信息筛选指的是在鉴别的基础上，对采集到的信息做出弃取决定的工作过程。筛选的目的一是将那些确实不真实的、无用的、重复雷同的、没有实际内容的或无用处的信息剔除掉；二是把那些真实的、与采集目标要求相关、对研究有较高参考价值的信息保留下来；三是将那些虽然暂时不确定但需要进一步调查、进一步加工的有价值信息保留下来。

在信息筛选中，最重要的一点就是要对信息的表象进行辨识，虽然表象是信息存在的外在表现，但信息表象不一定就能反映事物的本质特征。对信息进行识别常常使用评估、比较、调查等手段进行分析，通过分析其与采集目标的相关程度，将那些虽然模糊但却有价值的信息保留下来，以便下一步的分析和利用。

（五）信息归类

一般来讲，调查得来的初步信息表象常常是比较杂乱的，并呈现出明显的随机性和多样性，这些随机性和多样性不仅不利于发现信息采集中存在的问题以及信息中存在的问题，而且也不利于下一步信息的分析和利用，因此，应将经过初步鉴别和筛选的信息进行分类。

在信息的初始分类中，由于研究者起初还缺乏对信息本质的深入了解，因此，对信息的分类可结合信息的特点或今后研究信息所需进行初步的类别划分，如可以采用时域分析法、功能区分法或表象分类法等，将信息按照某一特征归属到不同的类别之中，为信息的进一步研究奠定基础。

（六）信息整理

信息整理是指按照研究所需，对保留的信息进行初步分析和汇总的过程。由于信息中常常包含着一些描述研究对象基本状态的数据，这些数据对了解信息的真实性和可靠性具有一定的参考价值，因而，有必要在信息被归类的基础上，通过数理统计学原理，将不同类别信息的数量、频率、分布状态等特征进行初步的归纳。

在信息整理中，最常用的方法就是统计法，此外，还可能会由于信息管理的不同需求，对信息进行标注和引录，以便今后查找。因而，图表法、回归分析法、标注法等方法也就成为信息整理的常用方法。

三、案例分析

陕西省某一建设集团公司为了实现对工程项目的实时动态管理，欲建立一大型工程项目管理系统，除包含项目决策分析系统、项目招投标系统、信息管理系统和预警管理系统外，还欲建立一套便于项目管理者了解和掌握工程项目实施状态、及时分析和解决项目中存在问题的诊断系统。在诊断系统中，除了要对工程项目的质量、进度、费用、安全、合同等管理状况进行及时的诊断和分析外，还特别要求对工程中的资源利用效率做出分析和评价，其目的就是确保各分项工程处于最佳费效状态。为顺利完成这一科研项目，实现预期目标，公司专门为此项科研工作立项并成立了校企科研小组。

在此项课题的研究中，研究组成员和有关专家一致认为，如果要建立有效诊断项目实施状态的诊断指标体系，首先就必须了解和掌握项目中可能出现的各种问题及其表象，并对各种问题的表象进行系统分析。为此，研究组结合研究所需，对工程项目中的各种问题表象进行了调研，其调研的组织方式及结果如下所述。

（一）信息获取前的准备

课题组就调查的范围、时间、内容以及每个范围由哪些人去负责调研等调研主体内容制定了详细的工作计划。

首先，就调研的范围来讲，为了使今后研究出的诊断系统满足本公司的管理需求，并与本公司管理状况实际相一致，调研范围确定在本公司所属的第一、第二、第三、第四建筑分公司和房地产公司、设备分公司、地基分公司、建筑装饰公司八家单位。

其次，就调查的主要内容来讲，为了在调查中尽可能地收集和获取到与此项研究紧密相关的所需信息和数据以及相关资料，调查的内容包含了以下几个方面但不限于此：

（1）在项目的各个阶段常有哪些不正常状态、异常表象或影响项目正常实施的因素以及这些因素的重要程度。

（2）目前分析和判断工程项目实施状态的方法有哪些。

（3）现行工程项目管理中的主要管理指标有哪些。

（4）目前评价工程项目管理效果的方法存在哪些不足或缺陷。

（5）在目前的工程项目管理中，有哪些能够有效管理和控制项目实施状态的手段或方法。

（6）用哪些指标可以有效分析和判断项目是否处于正常状态。

（7）在判断工程项目是否处于正常状态方面，被调查者有哪些实践经验或体会。

（8）对此项研究的相关建议等。

此次调查的对象主要以从事建筑工程项目管理的工程项目经理、现场管理人员、承包商和监理人员为主。之所以如此，主要是因为这些人员是工程项目的主要责任人，与项目中其他参与者相比，他们更关注项目是否处于正常状态，也有着更多的实践经历和经验。另一原因是我国目前的项目管理水平存在着很大的差异，不同层次的项目管理人员对项目中发生的问题有着不同程度的认识，而他们对项目发生的问题有着更为直接的利害关系，因而也就有着更为深刻的体会。

（二）信息获取的方法

在此项研究中，确定了以现场实际调研和人员访谈为主，以相关文献检索和工程资料查阅为辅的综合调查方法。这主要是考虑到，在研究具有较强实践性的工程类实证性问题时，仅仅依靠文献检索而得到的信息已被研究者注入了过多的主观意识，不可能完全真实地再现和描述出工程的实际状态，与工程实际有较大差异，可能会给研究结果的有效性带来不利影响，甚至有时会使研究结果偏倚。

（三）信息获取结果的初步分析

按照以上调查前所确定的方法，研究组分组分人分别在该集团公司的八家下属单位进行了实地调查和信息采集。在调查和信息采集中，共发出调查表 191 份。调查结束后，收回调查表 178 份，未收回的调查表 13 份。对收回的 178 份调查表进行逐份检查后，合格表有 171 份，不合格表有 7 份。因此，此次调查后调查表的收回率为 93.19%，收回表的合格率 96.06%。

（四）信息表象谱的建立

在对调查结果进行初步汇总之后可知，在建筑工程项目中，较为普遍的且具有较强共性的问题表象共计 261 项。在将这 261 项经过辨识、筛选并进行同类项合并和整理后，依照问题表象所反映的问题类别进行了类别划分，并初步建立了其表象谱。

四、研究结论

在许多科学研究中，研究结果是否有效将与其研究初始所采用信息是否真实性、是否完整性和是否真实反映了研究对象的本质等因素紧密相关，为此，许多研究者在研究中尽可能的获取大量的实证信息，并以之为依据进行研究。而如何使信息在其真实性、有效性和完整性方面得到有效的保障却没有引起很多研究者的足够重视。针对这一问题，本节在对信息的内涵、类别和特征等概念进行泛性分析的基础上，就如何科学地采集信息、如何对所采集的信息进行科学的鉴别、筛选、归类和整理进行了探讨。并在此基础上，以一科研项目的信息收集为实例，就信息收集的原则、前期的准备、信息采集的方法等内容进行了介绍，为建立科学的工程项目管理指标广义提取规则奠定基础，提供依据。

第三章　信息环境与信息社会

第一节　信息环境

1999 年，麻省理工学院的相关研究者提出了物联网概念。国际电信联盟于 2005 年信息社会世界峰会上正式确定了物联网这一概念。它指出，物联网技术是以无线射频技术、无线传感器技术以及智能建筑技术等技术为基础发展起来的新型技术。通过多种多样的传感器设备，物联网能够将不同种类的物品与互联网有机结合在一起，从而实现对不同种类物品的智能化识别、全方位定位跟踪以及监控和管理的网络，从本质上来说，物联网就是物与物之间，人与人之间交流沟通的纽带。在物联网这一大环境下，想要实现有效的物与物、人与物之间的沟通，就必须建立相应的信息感知，从而实现信息收集，并对用户提供的有效数据或者价值数据进行分析和处理。

一、互联网信息融合技术

所谓信息融合技术主要是指以一定标准为依据，充分利用计算机技术实现综合分析和整理多源信息，并对任务进行处理的过程。根据信息提取水平的不同，相关研究者将互联网中的信息融合技术划分了 4 个层次，这 4 个层次就是数据级融合，特征级融合以及决策级融合和多级融合。然而笔者认为，多级融合其实就是对前 3 个层次的一个总结，因此，为了有效地阐述信息融合的相关概念，笔者认为可以将其划分为 3 个层次，下面针对每一个层次进行详细的介绍：

（1）数据级融合技术。在采集原始数据后对其进行融合又被称之为数据级融合。该融合必须在同质信息基础上进行，如果有收集到的数据信息为不同质信息，我们则很难对其进行数据级融合，这也是数据级融合的一个弊端。数据级融合阶段，我们通常会应用一定的传统方法，例如加权平均法、金字塔算法等等。以加权平均法为例，作为最简单的数据融合算法，它可以直接对传感器所获得的信息进行线性的加权平均，一方面可以计算运动轨迹为直线的目标位置；另一方面还能够有效地抑制噪声，可以进一步提高数据密集融合的速度。除此之外，该种方法还存在结果对比度较低，难以进一步增大权重的弊端。

（2）特征级融合技术。特征级融合技术主要是指提取连续数据特征后，在充分运用特征值比较融合方法的基础上，锁定新的融合技术。特征级融合技术的应用有效弥补了数据级融合技术的缺点，它能够实现在不同质的数据基础上进行融合，但是其难以实现对融合结果的客观判别以及合理决策。特征级融合技术的常用方法也非常广泛，包括卡尔曼滤波算法，聚类算法等等。以卡尔曼滤波算法为例，该种算法的主要作用是进一步消除噪声对信号的干扰的一种最优随机滤波技术。但是值得注意的是，通过相关研究者的研究与实践，我们发现经典的卡尔曼滤波技术仅仅限于线性高斯系统，这也是该种方法难以得到普遍应用的原因。为了解决上述问题，相关研究者又提出了无迹卡尔曼滤波技术。

（3）决策级融合技术。决策级融合技术能够实现对不同质数据进行预处理，并在此基础上实现特征值提取。还能够实现对传感器、数据的有效采集，并在此基础上对容和结果的全方位分析，从而实现科学的决策建议。与以往两个融合相比，决策级融合技术具有性能好、适用范围广泛等优势。常用的决策级识别方法有专家系统、证据理论法。专家系统主要由知识库、推理以及综合数据库等多种形式组成。专家系统有诸多类型，具有代表性的是以规则为基础的专家系统和以案例为基础的专家系统等等。现阶段绝大多数决策的融合都是通过以智能决策为基础的专家系统来进行的。除此之外，随着科学技术水平的提高，相关人员还创造性地提出了以神经网络为基础的专家系统，有效解决了规则不完善的问题。

二、信息融合技术的问题

（1）安全性问题。随着物联网使用范围的扩大，物联网中融合技术组收集的信息范围也得到了进一步的拓展。在物联网信息当中，有绝大一部分信息属于高级敏感信息，而这些信息的安全性问题随着物联网技术水平的进一步提高也引起了人们的关注。众所周知，物联网信息融合主要是以信息感觉为基础，如果海量节点中的某一个节点由于病毒或者其他因素导致被篡改，那就意味着这些信息的安全性得不到必要的保障，而一旦这些信息被泄露出去或是被篡改，则会给相关行业带来巨大的损失，如何有效解决上述问题？需要我们大家给予高度的关注。

（2）大数据的融合问题。客观世界的物体数量巨大，形态多样，这在一定程度上决定了物联网对信息的采集应当建立在各种传感器设备的基础上。而我们为了能够从这些信息当中获取有价值的信息，实现各种领域的发展，就必须对物联网海量信息进行处理。然而现阶段我国对大规模传感器网络信息融合技术的研究还处于起步较晚的阶段，难以实现大数据融合节点负载均衡方面的研究，不利于大数据融合技术水平的进一步提升。

总而言之，互联网环境下信息融合技术水平的提高，对于促进物联网领域的发展具有至关重要的作用。然而现阶段信息融合技术也存在一些问题，这些问题关系着各行各业的信息安全，关系着联网环境下信息融合技术水平能否得到进一步提升。因此，相关工作者必须对其给予高度的重视，创新信息融合技术方式方法，提高信息融合水平，保障信息融合安全。然而，这个过程是一个漫长的过程，是一个循序渐进的过程，需要广大民众给予高度的重视，才能够实现。

第二节　信息源与信息流

一、信息源

思维可视化设计在设计流程中处理输入 / 输出信息间的传输路径及关联关系，是逻辑思维的呈现过程。逻辑思维准确输出是设计实践中的难点，本节以信息源研究赋能思维可视化设计的信息输出体系，深入探讨思维可视化设计语法，旨在解决"思考与呈现"径庭之惑。

（一）信息源选择

信息源选择指个体在明确特定信息需求时对多类型的信息源，基于知识结构并经一定的思考历程做出采纳一种或几种信息源的决策。思维可视化设计第一阶段任务是讲授信息选择方法，选择有价值的信息源可以帮助设计者掌握更全面的信息（用户与商业）、从整体的视角看待设计提案、专注目标与解决问题。信息源选择是调查与思考的过程，指导设计者收集大量信息（商业目标、竞品、用户、使用情境等）对获取的信息进行思考分析，筛选有价值信息。信息源于需求，包括用户需求和商业需求，设计者实践中需要深入了解商业需求与用户需求，根据两者的需要规划内容之间的关系与呈现。鼓励设计者通过专业网站、应用市场、行业调查报告中寻找商业信息。

（二）信息主体解析

信息主体解析主要包括人口统计特征、职业和角色、心理和情感等，根据"信息源选择"阶段成果对数据信息进一步清晰呈现。这一环节教师指导设计者利用图表等方式解析用户，是从抽象到具体的有序过程。

1. 定义标签

用户信息标签也称用户画像，教师指导设计者收集与分析消费者社会属性、生活习惯、消费行为等主要信息的数据之后，抽象出一个用户的商业全貌。用户信息标签为设计方案提供足够的信息基础，能够帮助设计者快速找到精准用户群体以及用户需求等更为广泛的反馈信息。设计者通过前期信息源选择及分析，根据用户目标、行为和认知差异，区分为不同类型，然后抽取出典型特征，赋予名字、照片、一些人口统计学要素、场景等描述，形成了一个人物原型。教学中将此环节分为整理标签、行为建模、构建整体三步，通过使用常识、共识、知识体系的渐进过程来刻画人物，认识了解用户。

2. 描述情境

个体始终处于由组织、社会、文化、环境所构筑的信息情境中。相关学者在对信息源选择行为的相关研究中，发现环境或情境要素对信息源研究有不同程度影响。教学中教师指导设计者使用四格漫画法描述特定场景中用户与产品交互过程。表达产品的使用场景，以及产品给用户带来的价值。四格漫画法强调故事性，教师指导设计者以一个完整的故事描述用户与产品的互动，须完整包含清晰的起因（用户动机）、经过（用户与产品交互）、结果（满足了用户的什么目标/解决了用户的什么问题）。步骤是：第一格中创建目标用户，第二格中描述问题场景，第三格中描述交互过程，第四格中描述达成目标。教学中教师提醒设计者在四格漫画中不要试图传递太多的任务和功能，要合理掌握细节颗粒度；将关键操作放大，体现核心的操作即可；根据不同的目标侧重选择不同的表现形式。

（三）任务研究

由于"信息需求"相对任务特征难以有效测度，因而在信息源研究中许多学者尝试用"任务"定义"信息需求"。任务是为实现某个目标或期待达成某种结果而实施的一系列活动。分析使用产品过程中的行为和认知过程可以帮助设计者梳理作品结构和信息流，从而为设计者提供更多、更合适的信息来完成任务可视化呈现。根据设计者所确定的产品功能点，指导设计者先确定用户需要完成任务、细分子任务、子任务的操作流程、目标、子任务的层级结构、优先级关系。

1. 层次任务分析

层次任务分析是一种结构化的客观化地描述任务及其子任务层次体系的方法。在交互设计中，层次任务分析用来分析并描述用户为达到目标所进行的一系列任务，以及用户与软件系统的交互行为。

教师指导设计者通过层级分析将任务不断拆解，逐级细化用户的任务，直至用户实际的具体操作。随着任务的细化，设计者对用户和产品的理解会越来越清晰。最后通过任务计划将子任务重组，描述用户实际操作流程。层次任务分析的作用是呈现业务在产品线各个阶段中的轮转关系。层次任务分析图要求概括精炼、详细具体。层次任务呈现有五个关键要素：执行操作、顺序、输入输出、规则、参与者，即执行了什么操作、操作产生的顺序、发生操作的原因和结果、操作产生的条件、谁参与了这个流程（可以是系统、可以是页面，也可以是用户）。一个层次任务分析图通常涵盖多个任务及前端展示、后台记录等多个部分，所以层次任务分析图通常复杂详细并涵盖各种异常情况，每种异常情况都有相应的解决方案。在设计层次任务分析图时，教师指导设计者要根据信息源选择阶段成果中确定的产品目标，再去深入思考核心业务流程，然后确定分成几个阶段并思考业务在各个阶段的形态。思考清楚后着手呈现业务流程，引导设计者认真梳理，尽可能不遗漏任何分支或异常情况。

层次任务分析图是和后续任务沟通的基本，它是交互设计思维可视化呈现的重要阶段，通过层次任务分析图进行分工是提高整体工程工作效率的重要方法。层次任务分析环节关系到设计者后续设计工作中的页面交互流程、用户操作流程和页面布局。

2. 信息架构呈现

层次任务分析图梳理整体任务流，信息架构是梳理用户操作行为、页面跳转流程及跳转关系。信息架构图描述完成一个任务需要经过哪些步骤，设计者在画图的时候只需要清晰的表现出用户点击页面的位置和跳转页面即可。层次任务分析图更加完整，体现了整个任务过程，而信息架构图相对来说只体现了整个业务流程中的部分。

设计者刚开始画信息架构图经常会出现流程缺失，流程逻辑关系不清、版面混乱等问题，教师重点指导设计者梳理清晰的逻辑，信息架构图是设计者设计中表达自己逻辑关系的一个载体。当设计者去开发信息架构时要不断优化流程，在需求整理和流程梳理中减少烦琐无用流程，提高效率。

教师指导设计者首先整合信息，对信息架构进行重要性分级，对每一层进行分级重要性分级和排序，完成了对信息架构进行分级以后，进行卡片分类试验，产出来自于用户心智模型的信息架构图。教师教学重点是培养设计者逻辑关系，而不绘制图形本身的细节。

有的设计者刚刚接触，容易将逻辑关系呈现混乱、含糊不清，教师指导设计者重新回顾业务需求和功能需求，结合思维导图来辅助设计。让设计者业余时间经常分析成功产品的业务流程和任务流程，对提高设计者逻辑思维很有帮助。

3. 页面流程输出

层次任务分析图和信息架构图是把业务流程和各个功能的任务流程用图示的方式梳理清楚。页面流程图则是呈现用户完成一个任务流，通过什么操作进入了什么页面及后续的操作及页面。页面流程图是完整讲述用户与系统交互行为的载体，页面流程图是更加细化可视化呈现，通过页面流程图可准确评估需要多少张页面。教师指导设计者在页面流程图设计中重点规划行为路径，主要聚焦用户目标和任务完成。页面流程图来自于层次任务分析图，设计者执行中首先要明确页面中的重点元素，鼓励设计者尽可能穷举涉及的所有页面，然后做减法。

信息源研究视角下的思维可视化设计教学节点从信息源研究到信息主体研究、再到层次任务分析、信息架构和页面流程图呈现，是从抽象到具象、从整体到细分的过程。经过层层解析、逐渐明朗，解决设计者"思考与呈现"径庭之惑。

二、信息流

伴随着市场经济的不断发展和进步，借助供应链模式能对物流和信息流展开深度的管理，并且也能有效发挥相应的应用价值，不仅能满足客户的实际需求，也能在一定的程度上实现销售目标。本节简要分析了供应链中物流及信息流的特征，并且对具体的管理路径展开讨论。

（一）供应链中物流及信息流的特征

在市场运营管理结构全面优化的时代背景下，物流信息能有效将生产厂家、批发商以及零售商信息进行集中汇总，并且将其和消费者联系在一起形成完整的交易过程，这部分供应链是现代物流信息监督体系中的关键。需要注意的是，物流信息结构本身就存在两个基础形式。若是从狭义的角度分析，则会将运输信息、配送信息、装卸搬运信息以及流通加工消息等统称为物流信息。若是广义角度对相关信息结构进行分析，则不仅仅包括以上的信息内容，也涉及相关的物流活动和产生的生产、销售过程。

（二）供应链中物流管理对策

在供应链体系中，要想发挥其实际价值，就要对物流体系和信息流体系进行平衡管理，有效建立健全完整的管控模式，确保能结合实际问题建立对应的管控模式，从而提升管理工序的合理性。

1. 库存补充规划管理

在供应链研究体系内，要从企业实际发展需求和管理目标出发，积极整合管理框架的质量，因为企业内库存会占据较多的资金，若是库存储存量超标，则会对企业运营管理和经济运行体系产生影响，因此，企业要结合实际发展战略目标建构系统化的规模型库存监督机制，确保能从根本上提高管理模式的完整性。第一，单级库存控制管理。对于部分企业而言，这种处理方式较为有效，结合经济数量订货数据进行库存控制具有一定的应用价值，主要是相关工作人员在供应链体系建立的过程中要结合提前确定的订单对数量予以估计，并且要订购相应数量的货物，以保证能减少企业资金成本的浪费。需要注意的是，这种处理方式仅仅考量了订货费用问题和订单发展滞后之间的费用体系，整体控制结构较为简单，若是遭遇较为复杂的市场变动就会出现参数接续处理工作不当的问题。基于此，为了有效提升相应工作的落实效果，相关企业要结合自身发展现状制定连续周期性库存控制模式，确保能为单级库存管理工作的顺利优化和升级提供保障，充分考量工作人员对库存盘点的间隔过程，有效维护订单管理工作的基础性流程，确保能提升具体问题具体分析的综合能力。第二，多级库存控制机制，在实际供应链管控结构中，为了保证库存管控工作的合理性，要积极建立健全完整的运行监督机制，要在原有库存基础上对库存控制结构进行多元化扩展，并且对约束条件等予以管理。需要注意的是，在订单和需求不断变化的情况下，多级库存控制模式不仅仅能有效减少产品采购费用，也能迎合企业实际发展现状，为后续监管工作的进一步优化奠定坚实基础。除此之外，在多级库存控制机制得到落实的过程中，也要结合多重因素完善库存价值，减少损失问题。

2. 车辆路径规划管理

为了保证管理工作的基本水平，相关部门要积极建立健全统筹性较好的运行管理维护机制，确保能从根本上落实系统化的交通管理路径，结合具体问题建立具体判定路径，且能减少运费开支。需要注意的是，城市内部地理网络较为复杂，为了有效提升优化活动的运行管理水平，就要减少运输车辆的实际数量，确保能从多角度对具体问题展开深度研究。

例如，要对交通运输过程需要的实践、交通项目使用的车辆、交通运输实际次数等多方面建立对应分析模式，且要将变量作为关键，利用公式进行计算从而判定具体的数据，公式为：

供应链安全存货量 = 上次浏览后的实际销量 $\times 1.5$

建议订货量 = 安全存货量 − 现有库存

需要注意的是，在对运输过程进行系统化分析后，就要对约束条件予以判定和分析，有效完善运输工作管理水平。近几年，随着计算机技术的不断发展，相关技术部门会借助动态编程技术提升计算准确性，且能够减少企业在经济运营过程中供应链的实际运输费用，为企业实现经济可持续发展奠定基础。要从供应链综合发展效率出发，有效将物流信息的流向逐渐转向为逐级传递的工序，确保能满足客户的实际需求，也为信息交互关系的建立和优化创设良好环境。

（三）供应链中信息流管理对策

为了有效对供应链进行信息流监督管控，就要结合实际问题建立对应的管控措施，积极践行合理性的约束管控机制，确保能发挥计算机系统的应用优势，将内部供应链的具体功能进行集成管理，维护管理模式的实效性。

在计算机技术不断进步和发展的时代背景下，有效整合供应链中物流信息作用具有划时代意义，因为企业供应链管理本身就会涉及工程项目、质量监督项目、生产计划设定项目等，因此，要对具体情况进行综合判定和分析。其中，产品工程项目直接决定了产品的基础功能和构造形态，要借助网络功能建立工程技术和串行管理之间的匹配关系，从而提升具体问题具体分析的基本水平，也能实现管理工作的全面优化。需要注意的是，若是上游功能和下游功能同时处于一个工作阶段时，就要将产品工程和后勤供应链管理结构予以判定，从根本上提高设计结构的实效性，也为全面提升信息流管理工作水平创设良好的平台。产品设计方案建立的过程中，要结合实际问题建立健全对应的控制机制，并且确保设计方案内容与具体应用管理模式之间能形成良好的互动，在共享集成内容的基础上，就能完善产品研发效率，为相关问题的顺利落实提供保障。

另外，在对产品数据管理和供应链管理进行协同分析的过程中，要对集成支持供应链管理过程进行控制，只有重视产品的质量，才能从根本上提高产品的市场竞争力，所以对于供应链管理项目而言，质量控制机制非常关键。基于此，企业形成完整供应链后就要运行兼容的质量体系和运行模式，维护工具管理过程，并且要对服务质量和产品监督管理模式等进行统筹控制，一定程度上实现产品保障和服务保障目标。

除此之外，正是借助完整的信息处理路径，就能对内部信息和外部信息进行协同处理，有效整合不同终端的应用管理需求，确保能提升信息监管机制的合理性和完整程度，保证能形成供应链物流管理控制机制，从而实现信息监管的目标，促进供应链中信息流管理工作的可持续发展。

总而言之，在企业运营管理工作中，要充分重视供应链中物流管理和信息流管理水平，在全面获取并且合理性配置的工作体系内，要完善控制效率，真正意义上提升物流信息价值化管理，并且将经济效益的获取作为管控标准，发挥供应链的优势，维护企业发展动力，也为企业顺应行业发展趋势奠定基础。

第三节　信息运动与信息行为

一、信息运动

现代社会是一个具有庞大信息运动的空间，它创造大量的、无形的信息知识与产品，而信息运动是这一过程的加工形态。学校教育具有信息运动形态的基本特征。对于一所学校，虽然我们看不到像大工厂一样的产品组装与流动，但在学校里确实时刻存在着庞大复杂的信息运动，信息在这里得到传播与加工。学校教育信息是用于学校教育所有的传播与被传播、加工与被加工的无形资源。教育信息化是教育现代化的重要内容和主要标志，学校是教育信息化的主体。学校教育信息化不是单纯的技术化、电子化和数字化。2008年华南师范大学李运林教授揭示了对"信息化教育"的三个层次的认识：运用现代信息技术，开发教育资源；获取信息并进行信息加工的活动；"信息化教育"是信息科学与教育科学交叉产生的一个新兴学科。应该怎样理解我们今天学校教育信息化工作的属性及意义、相关作用与分布？笔者认为，更换认识问题的角度，构建信息运动的形态模型，可以得到清晰的解析与理解。用学校教育的宏观信息运动要素，设定信息运动的特征，分析信息运动各要素的分布、发展和相关的规律，把学校教育信息化工作放入信息运动形态结构的坐标中，绘制学校信息运动的结构关系图，从而达到以信息原理为视角的审视和观察信息化工作的目的。从信息运动的结构与形态来理解学校信息化的内涵与意义，了解其作用和功效；以信息本体论来理解学校教育信息化，建立学校教育信息化发展的比特战略。

（一）信息运动的形态与结构

信息形态从本质上讲有信息的属性说、信息的反映说、信息的关系说和信息的中介说。信息的属性说是把信息简单定义为事物的属性或某种属性；信息的反映说是把信息定义为事物某种具体属性的反映或表征；信息的关系说是从信息与物质、能量的关系来定义信息；信息的中介说是信息作为物质与意识的"中介"而存在的。

虽然信息世界复杂纷繁，但其运动规律是可认识的。有论述表明，信息世界中存在着10个方面的统计性规律，其中较为简洁地表述为：信息运动可以分类为传播运动、存储运动、加工运动、人脑运动等。信息有加工与被加工之分，因而存在信息的加工力。信息的加工力也是信息的知识度的体现。信息加工力存在于各信息运动的要素之中，用以提高各信息要素的特征梯度，也是信息运动的表现。

学校教育信息运动应该是信息多要素的表述，也是多维度关系的构建。研究学校信息运动，我们可以把它分解为信息运动的感知传播表现、信息运动的介质表现和信息运动的人力表现。信息运动形态的结构也可以用坐标图来表示。因此，我们可以把这种信息运动关系分解为多个坐标体系。以信息的知识度为基本维度，可以建立信息运动的感知传播坐标、信息运动的介质表现坐标和信息运动的人力表现坐标等。

1. 信息运动的感知传播形态

传播是信息运动的基本形态。信息的感知表现是学校教育信息的特征之一。首先以信息形态的知识、传播、表现三个要素构成信息运动形态的研究结构，根据信息运动要素的梯度特征，可分为知识度、传播性、表现态。

（1）知识度

信息层次高低表述为知识度。我们把信息的知识度分为现象、信号、技术、知识、智慧等特征梯度。20世纪80年代末，美国著名的信息系统专家A·德本斯（Debons）等人在其学术著作中，提出从人的整个认知过程的动态连续体中理解信息的重要观点。他们将认知过程表达为：事件→符号→数据→信息→知识→智慧。由此可以认为，信息的知识度是信息经过加工提升、知识化过程的再造信息，是经过人脑媒体和技术媒体加工后的具有科学性的信息产品。

（2）传播性

信息的传播是信息运动的重要属性。教育的本质之一是知识的传播（传承），传播是信息的运动形态之一，其传播形式可分为自然传播、人际传播、技术传播和云际传播（网络）等。事实上，云际传播是技术传播的延伸与提高，其对信息传播的形态意义有本质的提升。

（3）表现态

信息的表现是信息存在的体现，主要表现为人本特性，包括语言感知表现、文字感知表现、单媒体感知表现、多媒体感知表现等特征梯度。学校教育的信息表现态是信息运动形态的重要特征，是信息教育性的主要表现。研究学校教育信息运动，要以人的感知为基本的形态规律，包含信息的视听感知、心理感知和生理感知。加工这一梯度发展的是多媒体的学习研究。

2. 信息运动的介质形态

存储是信息运动的基本特征。我们从信息存储性角度研究其相关的形态结构。信息在哪？这是一个既简单又被忽略的问题。没有物质的相伴，信息不能留存。简单地讲，信息在纸上，在网上，在脑子里。信息留存要有介质，根据信息介质的表征面，我们分为记忆存储和物质存储。记忆存储就是人脑媒介，物质存储表现为以物质为基本形态的基于技术发展的媒介。

（1）信息的人脑媒介。

人脑是特殊的媒体，具有信息加工的思维特征，具有信息的创造知识能力，能够接受、加工和发出信息，创造与传播知识，储藏着极为丰富的隐性知识，并能输出显性知识，即知识产品。它具有传播、储存、加工、转化信息的能力。人力资源就是人的大脑资源，是人脑中的知识、思维和智慧，以及表现出的能力。

邬焜教授认为，人自身的信息活动具有多层级的高度复杂、综合性的特征，具体表现为信息的自在活动、信息直观识辨、信息记忆储存、信息主体创造和主体信息的社会实现等五个基本层次。由此，我们把人脑作为信息运动的重要机制，作为我们观察信息运动不可忽略的要素。

李运林教授认为，将感知信息在大脑中进行处理加工转换成人为的符号信息，也称"人工信息"或"再生信息"，也就是人类获得关于事物的知识以客观的角度表述信息的存储性，人脑媒介与技术媒介在传播中具有同等性。以人的受教育度为人脑媒介的特征梯度，人脑媒介信息存储与加工性取决于人的学习力与受教育度。

（2）信息的物质媒介。

信息的物质媒介是现代信息社会发展的重要特征。人类现代科学技术的进步是信息物质媒介能力提升的基础。信息的物质存储可表现为自然存储、技术存储和云存储的特征梯度。这一梯度的发展取决于媒介的加工力，以信息技术为代表的加工信息是这一梯度发展的加工力。

3. 信息运动的人力表现形态

信息运动的人力作用即人力加工。以人为信息加工主体的信息运动是一个复杂的、诸多因素的结构。用客观简单的、便于理解的要素分解，我们把这一结构分为人脑的受教育度和人力的社会评价度。

（1）人脑受教育度

人脑是特殊的媒体，信息的人力表现取决于人脑的效能，人的受教育度是这一表现的主要特征。我们把人的受教育度从学前教育到研究生教育作为特征梯度，学习力是这一梯度的信息运动的加工力。学习过程是信息运动重要构成，涵盖信息加工提升的主要途径，信息运动各特征梯度的提升都直接或间接地含有学习力的作用。

（2）人力评价度

学校信息运动的另一要素是人力评价度。这一信息运动的特征度应具有社会属性。事实上，在这一特征度上，信息运动与加工要占有巨大的数量。学问力是人力评价特征梯度提升的加工力。学问加工力具有信息知识度的"固化"作用，即形成信息的知识度提升的科学表述。

（三）学校信息运动与教育信息化

针对学校教育特征的信息运动，以信息运动形态与结构进行解析，可以透视学校教育活动的信息运动规律和教育信息化的信息运动原理。

1. 学校信息运动形态解析意义

学校教育工作都涵盖信息运动的各要素特征。以信息运动的结构图为坐标，我们可以将学校的教学与管理、学科与人才、校园信息化等工作，进行信息运动形态分解标识，在结构图中找到相应的位置。应用信息运动的原理，来理解学校信息化工作的意义。比如，我们可将课堂教学、多媒体教学、网络教学等用信息运动的传播性、信息表现态标识。可将学科建设、人才培养、教师队伍建设等以信息运动的人力特征要素来进行定性与量化描述。我们也可以把学校图书馆、实验室、网络设备等用物质媒介运动的相关要素进行信息原理分析。

（1）学校信息化的战略：信息化的广义性

今天的教育信息化建设是现代高校建设与发展的重要组成部分。信息化的广义性，包含信息的技术化加工和信息的人力提升。高校教育信息化建设应该涵盖信息的媒体建设、信息的资源建设、信息的管理建设、信息的方式建设、信息的人力建设等诸多内容。以学校教育为特征，运用信息运动的规律研究，对高校信息化建设进行设计与规划，这就需要延伸学校信息化的外延，开启新的视角，审视要素关系，认清建设意义。

（2）学校信息化的本质：信息特征梯度的加工力

提升信息运动的各要素特征度是学校信息运动的目标。学校信息化就是要提升各要素的特征度，因此信息加工力是学校信息化的本质特征。从信息运动的各要素的梯度发展来看，将学习资源从单媒体向多媒体建设，课堂教学从人际传播向技术传播发展，校园管理的技术化，课程教学的网络化，都是在加工与提升信息运动特征梯度。

（3）学校信息化的绩效：信息运动各要素的协同

将信息运动分解为各要素特征，使复杂关系简单概念化。但各要素之间存在着作用关系，表现为信息运动的效能。多媒体与网络传播的作用效能，人脑创新思维与网络资源存储的作用效能，研究生教育与正高人力评价的作用效能等，都是学校教育信息化事业追求的最大绩效。

（4）学校信息化的分解：教育分量与技术分量的合力统一

学校信息运动形态表述实现了教育（学习）研究与技术研究的统一。在信息运动形态的解析下，思维（学习）的信息运动和技术的信息运动可以建立统一特征的关系图。根据信息运动的各形态与结构规律，我们可以将信息化行为分成两个部分，即信息化的人脑运动研究和信息化技术运动研究。事实上，我们在信息化进程中，进行精品课程建设、教学课件制作、校园信息网设计等工作及评价，都有其分类指标。今天我们可以用信息运动的结构图谱，实现各要素的关系概念，加以分类与研究。

2. 学校教育信息化的比特战略

我们以比特作为信息的微观描述。比特是信息数字化的形式表征，是信息电子化的技术形态，也是现代社会信息化的运动载体。学校信息运动可以表述为知识比特运动、传播比特运动、存储比特运动和加工比特运动等。信息的比特化代表着信息的技术化、电子化，更能实现智能化，使得信息的人脑运动与技术运动实现交互。教育信息化的信息特征表现是信息比特运动的优化与提升，建立信息化的比特战略是学校教育信息化的主要任务。

（1）教育信息化的战略切入：信息的比特化

将学校教育信息以技术的手段进入技术媒体进行传播与储存，是教育信息化的初始工作。以计算机与网络为代表的技术信息媒体是教育信息化战略的切入点。信息的比特表达、传播、存储、加工、转换等是信息化战略的基础。人脑的信息运动与计算机信息运动都将建立在信息的比特化形式的统一与交互。

（2）教育信息化的战略任务：信息比特的加工

学校教育信息化的本质是信息的加工与提升，也是比特的形态加工与提升。学校信息运动的比特程度和信息比特的加工是教育信息化的任务。比特的传播形态、存储形态、组合形态等都决定着信息运动的功效。人脑信息运动的比特加工表现为人的教育与培训，也是教育信息化的任务之一。

（3）教育信息化的战略目标：信息比特的优质运动形式

教育信息化的目的是使学校教育的功效提高，培养人的智能与技能。信息运动是实现这一目标的基本形态。信息的比特化，将信息运动体现在比特运动中。学校信息化的比特运动形式决定信息化效能的体现。分析学校的硬件建设的信息特征、传媒建设的信息特征和人文建设的信息特征，建构理想化、优质化信息比特的运动形式，是实现学校教育目标战略的关键。

学校教育信息化用信息运动的特征分析，着手信息的比特化战略，实现教育的信息化目标，这也是信息化研究的方法论理念。随着信息化比特运动研究的深入，以比特描述的信息化问题将是今后关注的重点，另作专文研究。

学校的教育活动是信息运动的重要载体，教育信息化要考量信息运动的各要素特征，分析信息运动各层表现分布。学校教育信息化表面上看是信息运动的技术加工过程，但事实上却隐含着信息运动的人脑学习加工的研究过程。从信息运动相关的规律出发，用信息运动要素及关系，解析学校信息运动体系与特性，研究学校信息运动变化发展的过程，从信息运动的各要素相关结构的分析上，重新认识学校教育信息化的工作内涵与意义，延伸信息化的概念与内容，引入比特运动的研究方式，成为信息化建设的战略思想。

可以说，信息运动各要素加工力的方向就是学校教育信息化的方向，教育信息的比特优化方式是信息化的目标。学校教育信息化是信息运动特征梯度的提升与相互转换，是信息加工力的作用与表现，是学习信息运动与技术信息运动的合力。如此理解，我们才能真正领悟到教育与技术的信息化关系。我们应该科学合理地看清这一事实，分类掌握信息化工作的特征规律，科学地建立和设计学校信息化规划，以信息运动的本质特性科学地发展学校整体的建设事业，迎接教育信息化的比特时代。

第四节 信息化与信息社会

一、传统经济学的弊端

龚刚教授的演讲讲到了市场的失灵，其实它的背后也是今天美国的失灵。2018 年诺贝尔经济学奖得主保罗·罗默是经济增长理论的主要建立者之一，已经在反思经济学理论。他说：我们犯的错误就是总认为所有的问题都是由于资源短缺所导致的，其实最大的问题是个体利益与社会利益不协同。他是从一个宏观经济学的角度反思经济学的局限性。西方经济学最缺乏的是宏观经济学，因为西方经济学尽管假设有宏观经济的最大化，但事实上只是把一个个个体最大化以后简单加总，完全忽略了个体差异和个体之间的相互作用，根本没有体现出量变到质变的全局效用。从 1 到 N 不是一个简单的加总，所以个体最优并不能自动实现总体最优。这就是美国今天遇到的问题。

美国经济的企业微观效率都是非常高的，但国家整体却加速下降。这也是今天美国的焦虑。它背后的理论出了问题。以诺贝尔经济学奖得主保罗·罗默为代表的主流经济学家们都在反思经济学。

学经济学的人都知道，经济学研究的是效率，以较小的投入得到较大的产出就代表效率高。目前的西方经济学只有微观效率，即单个企业利润最大化。但我个人认为，效率除了有微观效率外，还应该有中观效率和宏观效率。中观效率是指一个产业或者一个区域的效率，宏观效率是国家整体效率，是国家利益最大化。那么，谁来实现国家利益最大化？这个在经济学里面是虚构的，假设有个 social planner，加总所有个体效率，宏观效率就自动实现了。这也是经济学常说的"看不见的手"的神奇魅力。但美国经济和西方的困境表明，微观效率的简单加总绝对不是宏观效率。

此外，还有中观效率，即产业链。龚刚老师在演讲中讲的沈阳机床厂，它带动的是整个中国的机床行业，使中国机床行业不再被卡脖子了。我是 1978 年半导体物理专业的大学生，那个时候我们对于复旦大学是很崇拜的，因为复旦大学有我们中国半导体的元老谢希德教授，还有北京大学的黄昆教授。那时中国的半导体是走在世界第一阵营的。虽然我们那个时候制造工艺水平较低，但中国半导体产业支撑起了中国的两弹一星，我们还能够出口到日本去。那时韩国的三星、中国台湾的台积电还没有出生。但当时的局面是中国的半导体主要是为军工服务的，没有多少民用市场需求，因为那个时候还没有家电的市场。半导体企业生产投入巨大，北京、上海、南京等大城市都有半导体厂，但没有达到它的产能，所以是亏损的。国有企业改革的时候，我国所有的半导体企业都倒闭了，这个产业清零了。今天中美贸易战特朗普给我们上了一课。如果仅仅考虑微观效率，买现成的是最划算的，自己生产要面临研发投入巨大、风险高、周期长、企业亏损等问题。但是国家的关键行业清零了，被别人卡脖子，怎么能实现国家利益的最大化？今天的现实是：凡是我们买不到的都自主创新，实现了超越，如航天、北斗、高铁和超高压等。

西方经济学只研究微观效率。完全竞争的市场是最有效率的，我称它为菜市场经济学，在现代市场是不起作用的。第一代经济学的代表性理论就是亚当·斯密的"看不见的手"。20世纪30年代的大萧条已经证明"看不见的手"破产了，经济危机是市场失灵所致。所以，第二代经济学——凯恩斯的理论就起来了，政府去修补市场失灵。但政府也会失灵。

二、前沿理论——市场设计

现在是第三代经济学理论——市场设计。市场设计就是设计一套明确的交易规则，只要交易双方按照这个规则进行匹配，同样可以实现有效率的结果。而市场设计从设计者的角度，它是中央决策的过程，但是从执行的角度，不是用过去计划经济简单粗暴的办法，而是充分注重了参与者的个体差异。也就是说，在市场设计的平台上把市场和政府的作用比较好地融合了。

我的美国老师，2012年诺贝尔经济学奖得主之一埃尔文·罗斯教授成功地开创了经济学的新领域——市场设计，不仅从理论上证明了设计出来的市场比自发的市场更有效率，更重要的是，他利用大数据，在市场失灵的领域帮助公共部门重新设计了一些新制度，比如肾脏捐赠匹配网络、纽约市高中入学系统和医学院毕业生住院培训分配系统等。今年2018年夏天他来中国讲学，我和他谈了很多。他说来中国用了微信，考察了物流业的仓储和滴滴公司后，他认为，他的那一套理论在中国是应用得最好的。反观美国，则缺乏数据整合的能力，他的理论的应用空间有限。因为市场设计肯定是规模越大、数据越多，市场设计的精准度越高。

埃尔文·罗斯教授举他自己的例子说明美国缺乏数据整合的能力。他得诺贝尔奖的时候是在哈佛大学当教授，现在转到了斯坦福大学任教，他想把他的病历从哈佛大学转到斯坦福大学都不行，因为系统和法律不兼容。这说明美国的制度缺乏数据整合能力。

市场设计也给我们不断争论的社会主义市场经济提出了新的解决方案，就是既要避免市场失灵，经济学里面的微观机制—激励机制—我们还是要学的，这一套精细化的管理完全是可以借鉴的；同时，我们要防止由于政府干预而带来的政府失灵，如何使政府这只手也做得更精准，而且保证各方的参与。实际上，在市场设计的平台上人人都有发言权，这样又可以把信息集成起来。这背后是基于大数据、信息化。没有这些新技术做支撑，市场设计是无法实现的。

马云在"2016世界浙商上海论坛"上就谈到，未来的计划经济会越来越大。春江水暖鸭先知，因为马云在大数据的一线，他自己的"双 11"，从最开始的零点买不上东西、付不了钱，到现在瞬间百亿元、千亿元的交易都毫无阻碍，背后就是信息化的发展。现在海量数据组成的大数据、实现的云计算使得我们具备了集成数据、分析数据的能力。虽然国内经济学家们对马云这个说法反对得很厉害，说计划经济一去不复返，但是我们要知道，此计划非彼计划。

我们过去做计划经济的时候，大家想一想我们是什么样的生产力水平？有专家就讲过，鞋子不合脚就必须改革。今天，我们已经进入了一个新的时代，信息技术突飞猛进的时代，我们完全可以做精准化的计划。我认为这是未来的趋势。这些年中国大数据发展非常快。山东是中国人口第二大省，有 1.07 亿人口，与公安部在人口信息上共建了全民健康信息系统，现在有 37.8 亿条信息，可以实现将所有的健康管理、公共卫生、医疗记录都集成起来。在山东，可以用大数据分析出疾病发病的规律，哪些病是排在前面的。比如山东有些地方爱吃大葱和酱，因而患食道癌和胃癌的病人就比较多，跟饮食联系在一起就可以分析出来，提早做预防工作。所以，目前信息化在中国的发展远远超过了国外。因为制度优势，我们可以做到大数据的集成。

这些年我们中国人生活最大的改变就是用手机可以搞定一切。目前全世界只有中国是通过制度和文化的优势取得这一成就的。大家都知道，最近美国之所以打压华为，主要是因为华为引领了 5G 时代。中国现在已经在推 2019 年 5G 的商用，很多地方已经在试点。随着 5G 时代的来临，信息化又进入了一个新的阶段，就是万物互联，一切都可以联起来。我们回到经典的马列主义，生产力决定生产关系，在这样的生产力条件下，一定会带来生产关系的变革。

我个人认为，大数据时代有这样几个特征：第一，生产者和消费者合在一起。我去购买东西，我是消费者，但其实我提供了数据，生产了数据，我既是商品的消费者，又是数据的生产者。第二，集成的数据是新的特殊资本要素。这个资本要素不贬值，时间越长，历史数据越多，越值钱。数据在使用和交换以后，只会增加，而不会消失（耗）。第三，改写传统经济理论。与传统经济理论中生产的边际成本上升、边际收益下降不同，信息化相关产品和服务边际成本为零，边际收益是上升的。第四，大数据是财富。随着经济增长，土地是永远有回报的，数据也一样。国家应该建中国的大数据库，全国人民都共享大数据带来的财富。我自己研究的是医疗领域，我相信未来一定是免费医疗。为什么？因为到医院去看病，我身体相关的数据给你，数据更加值钱，你给我提供的服务相对不值钱了。这是时代的变迁。未来在家看病一定不是梦，全方位、全生命周期对你进行健康管理，新产品、新药、新技术开发都是基于这些数据，数据将是我们最大的财富。第五，就是信息化社会。信息化社会极大地拓展了传统的边界，未来在信息化平台上，过去的组织成本和交易成本可以大幅度降低，降到极低。所以，中国最大的优势就是 14 亿人口。这些年来，就是基于我们的人口规模，整个经济在信息化领域是飞速发展的。

三、现代化经济体系：生产力和生产关系的重构

传统经济学理论是基于过去的生产力水平，信息化、智能化和新的生产力革命将改写经济学理论。党的十九大报告提出我们要建设现代化经济体系。目前学者们解读现代化经济体系的研究还不多，我试图在我有限的知识范围内诠释一下。我认为中国要构建现代化经济体系，其核心在"化"字上面，"现代"只是一个修饰词。而"化"意味着生产力和生产关系的重构，因为我们面临的是日新月异的新的生产力，智能化社会在爆发。大家可以放开想象，去思考未来的变化。所以，生产关系要跟上变革，而中国最大的优势在于我们的社会主义生产关系。

在这一轮国际竞争中，我们是有优势的，相对其他国家，我们的生产力和生产关系是匹配的。我们有没有充分利用我们生产力和生产关系匹配的优势？很多学者和官员认为我们现在还应该一切都对标美国，但美国恰恰是无能为力的，其宏观经济完全没有把控，生产力和生产关系严重不匹配。这也不能怪特朗普，他也无能为力，那是美国宪法决定的。

习近平总书记说现代化经济体系是由社会经济活动中各个环节、各个层面、各个领域的相互关系和内在联系构成的有机整体。所以，我觉得中国人有希望重写宏观经济学，甚至不是重写，因为西方其实就没有宏观经济学，因此，应该是由我们来建立崭新的宏观经济学。建立现代化经济体系是我们经济学家应该努力的方向，这是"道"。新经济理论应该是用现代化的体系配置资源，充分发挥政府和市场的作用，并加上智能化、信息化的手段。

我们的目标是宏观效率优先、国家利益最大化，其次是中观效率，最后才是微观效率。我们要追求的是系统整体协同。要成为一个有机整体，就意味着微观主体不能各自为政，个人的利益要与国家的利益兼容，短期的利益要与长远的目标协调。我觉得这才是一个具有生命力的，能够蓬勃发展的，不断自我转型升级的新经济。建设现代化经济体系，最有效的手段就是信息化、大数据、智能化，在信息空间里，计划手段和市场机制应该有机融合，效率和公平在信息空间也可以和谐共存。

我们可以把新的经济理论叫作智慧经济学。我设想未来的中央数据库能够快速整合分析经济社会的所有数据，有效配置资源，满足人民对美好生活的需求，而且它能不断演化升级，智能化将重构人、企业、国家之间的关系，逐渐形成全球一体化的生活、生产、管理体系，实现两千多年前就希冀的"天下为公"的理想社会。

第五节 信息化环境下课堂探究学习案例分析

信息技术是一场新的伟大的革命，在当今世界发展最迅速、影响最广泛、渗透力最强。随着信息技术蓬勃的发展和广泛的应用，引发了教育信息化的新浪潮，使得教育形式和学习方式发生了重大变革。信息化环境下的课堂探究学习，正是响应了教育信息化的挑战。

在信息环境下，教师根据不同的教学目标和教学目的合理设计课堂教学，充分利用现代信息技术工具，从而使学生掌握信息时代的新的学习方式，从传统的接受学习逐渐转变为主动学习、探究学习。信息化环境下的课堂探究学习是根据不同的学习任务确定课堂探究学习的类型，以丰富的课堂探究学习策略来促进课堂学习的效果。

一、信息化环境下的课堂探究学习的内涵和特点

什么是信息化环境下的课堂探究学习？信息化环境下的探究学习有什么样的特点？这两个问题是弄清信息化环境下的课堂探究学习区别于其他课堂学习类型的关键。

（一）信息化环境下的课堂探究学习的内涵

信息化环境下的课堂探究学习，就是将信息技术作为认知及环境创设工具，有效地融入探究学习的过程，以教师为主导、学生为主体，自主地或合作地在课堂中发现问题、分析问题、解决问题。以学生为中心，能够实现学生的个性化学习；以问题为主题，培养学生自主发现和探究的学习能力；以自主或合作为过程，促进学生的积极性和主动性。

（二）信息化环境下的课堂探究学习的特点

信息化的环境为课堂探究学习提供了丰富的资源，创造了轻松愉快的交互式学习环境，运用现代信息技术创设问题情境，使学生能够充分发挥其主动性和独立性，激发创造性思维。因此，信息化环境的趣味性、探究主体的主动性、探究过程的问题导向性、探究主体思维的创造性，是信息化环境下课堂探究学习的最大特点。

二、信息化环境下课堂探究学习的类型

自主学习、合作学习和探究学习三者并不是对立的学习方式，而是相互融合、相互促进的。自主学习是前提，不管是合作学习还是探究学习都需要学生独立思考；合作学习是

促进，以合作的方式来促进自主学习和探究学习；而探究学习是在独立思考的基础上，以自主探究或合作探究的方式进行学习。

（一）自主探究学习

信息化环境下的自主探究学习，是学生根据教师创设的问题情境，自定探究课题，通过网络或教学资源库独立地搜集和整理信息，自主完成学习任务。基于多媒体和网络技术的信息化环境为学生的课堂自主探究学习提供了良好的学习环境，在自主探究学习的过程中，教师可以通过精心的教学设计，利用信息技术将所学的知识分解成若干小问题，引导学生在信息的海洋中筛选，从而获取有用信息。

（二）合作探究学习

信息化环境下的合作探究学习，是在自主探究学习的基础上，针对共同探究课题，形成学习共同体，通过小组交流和探究，共同实现探究学习。自主探究学习是合作探究学习的基础，合作探究学习又是自主探究学习的必要的补充手段。这两种学习方式对学生能力的培养都各有优势，因而在设计和实施的过程中都有不同的侧重点。在课堂教学中实行探究学习，就必须结合自主和合作这两种形式的优势互补，才能更有效地提高学习效果。在信息化环境下，通过自主或者合作形式的课堂探究学习来实现群体目标，其中，教师始终处于组织者、引导者、帮助者的地位。

三、信息化环境下课堂探究学习的策略

在信息化支持下的课堂探究学习中，如何才能充分突出探究学习的特点？如何才能体现出现代信息技术对学习的支持与帮助作用？如何才能使信息化环境下课堂探究学习产生最大的效益？如何才能发挥教师的主导作用，成为课堂的组织者和管理者？如何才能充分发挥学生在课堂学习过程中的主体性和主动性，使他们成为学习过程中真正的主动建构者？

尽管探究学习有多样化的教学策略，信息化条件下的课堂探究学习遵循以下几个步骤：创设情境，激发学生兴趣；启发学生提出问题，主动进入探究状态；通过多媒体模拟、网络搜寻、多媒体软件的使用等方法进行课堂探究学习；在信息化平台上进行成果共享。

（一）情境选题

情境选题是指通过创设情境，激发学生的探求动机和兴趣，帮助学生发现并选择有意义的问题，在情境中探究和学习。

在信息化的环境下，教师可以创设各种形象的知识情境，全方位的刺激学生，为问题的探究和解决提供强大动力。

教学案例：

小学数学《长方体和正方体的表面积》第三课时中，在学生充分的掌握了有关面积与表面积的数学知识的基础上，充分利用现代信息技术的网络资源，以生活中的装修问题为切入口而设计的一节自主探究学习课。

首先，教师准备好一些漂亮的简单的房屋装修的图片来引入主题，带领学生观察房屋装修的必要步骤，如铺地板、刷墙、刷天花板、置办家具等。其次，向学生展示即将装修的新家模型，引导学生根据已有的数学知识计算各房间的面积大小，启发学生提出装修时需要解决的有意义的问题，如装修材料价格等。再次，告知学生充分利用网络资源，了解各种装修材料价格，查询和分析装修时需要解决的问题的解决办法，并选择自己感兴趣的一间房间进行装修设计。最后，请学生利用互动图形计算器，充分将自己的创意和构思表现出来，并给出相应的装修预算，解决先前提出的问题。

案例分析：

基于信息化的条件为学生的课堂探究学习提供了良好的学习环境，在这样的情境中，教师根据教学目标要求，通过精心的教学设计，利用信息技术创造贴近生活情境的探究学习平台，使学生充分发挥主观能动性，自主发现问题，构建数学知识，学会自主学习和主动参与数学实践的本领，培养了学生的创造意识和技能。在教师提供课前指导和建议的前提下，学生利用计算机和网络自己查阅相关资料，在运用数学来解决现实生活中的实际问题的经历和体验中，使学生的思维和想象力、审美情趣和艺术感受、协作和创新精神等综合素质得到发展。

（二）网络搜寻

教学案例：

综合实践主题《爱护环境》，教师先通过分析教学目标来确定探究学习的主题，然后巧妙的设计探究任务，分配各个学生的探究角色，鼓励学生利用网络资源进行主动探究。

首先，由教师展示与探究问题相关的视频资料或图片资料，营造课堂氛围，提出问题：现在地球上的环境处于何种状况？接着，按照探究学习的主题设计出具有吸引力的初始任务，让学生带着各自的任务上网搜索，自主探究，分别调查森林、草原、野生动物对保护和改善环境的作用。最后抛出层层深入的后续任务，引导学生更深层次的综合分析问题：环境遭到破坏的原因和目前环境保护的措施，提高环境保护意识。

案例分析：

在探究学习中，网络搜索是为了改变在传统探究学习中搜集资料费时费力的弊端而提出的。通过网络搜索策略，学生的活动过程和结果都是开放性的，体现出课堂探究学习中学生的主体性。网络中的资源是便捷存取的、容量巨大的信息，能让学生最大限度地搜集所需要的信息，有充分的时间用于分析、综合信息。

我校的信息化硬件走在同等学校前列，软件逐步完善，同时还在不断的探究前进，以上案例，无论是小学或是初中，都可以利用各种信息化手段提高课堂效率，真正做到将时间还给学生。

第四章　信息管理过程

第一节　信息需要

新一代人工智能的发展及其所引发的对通用人工智能自主进化的未来展望，空前凸显了信息需要研究的重要性。信息需要的研究，不仅关系到对人的本性的深化理解，而且涉及通用人工智能本性的理解和自主进化的驱动机制。信息及其进化的研究，为信息需要研究从有机体扩展到信息体创造了条件，由此可以更到位地理解信息需要，走向人类智能和人工智能及其进化机制的统一理解。信息需要是信息体为了满足有意识或无意识的需要而寻找和获取信息的欲望。它不仅是智能进化驱动的引擎，而且是人性和通用人工智能基本特性的表现。信息的相互性，信息需要满足和产生的共同性，决定了发展到一定水平的通用人工智能可以与人性具有共通的本性。这既涉及人工智能进化及其机制研究的核心内容，又涉及人工智能性质理解的深化和相应伦理支持的根据。这充分表明，信息需要是人工智能研究的重要领域。

信息文明时代，人的信息需要日渐成为一个亟待探索的重要课题，它不仅关乎人的需要理解的深化，从而与信息文明时代人的发展和当代社会发展驱动升级密切相关，而且涉及人工智能的基础研究，关系到广义智能进化的驱动机制。

一、信息需要是智能体的根本需要

由于认识的历史局限性，信息需要的理解至今一直处于云山雾罩之中，这和信息需要的重要性形成强烈反差。随着信息文明的发展，信息的感受性关系理解为信息需要理解的深化提供了必要的理论前提。

（一）从有机体到信息体

在目前关于需要的研究中，对象是有机体，而且大多以人的需要为研究对象，因此通常把需要看作生存和发展过程中，有机体感受到的生理和心理上对客观事物的某种要求。那是以内部的缺乏或不平衡状态表现出来的外部条件依赖。而信息需要的研究则主要以人为对象，"信息需要"这一术语通常被理解为个人或群体为了满足有意识或无意识的需要而寻找和获取信息的欲望。局限于人类主体，不仅难以区分人类基本需要的两个层次，更难以看清信息需要的根本性质。随着人工智能的发展，信息需要的研究对象自然而然地由有机体扩展到信息体。而对信息的感受性关系理解，则为这一扩展创造了条件。

信息离不开信宿和信源，而信宿之所以为信宿，就在于具有接受能力；信源之所以为信源，则在于具有可感受的特质。信息作为信宿和信源关系，其特殊性与感受性密切相关。必须有信宿和信源同时存在，才可能有信息。因此在最基本的意义上，信息不是物质也不是能量，而是一种关系，一种特殊的关系，一种感受性关系，一种基于物能的感受性关系，即信宿和信源间的感受性关系。感受性关系是感受性相互作用的效应。当信宿和信源通过信息反馈机制一体化，就构成信息体。关于信息体，当代哲学和人工智能交汇到了同一方向。

在信息进化研究中，"agent" 是一个至关重要的概念。这一概念是由人工智能学科创始人之一、美国人工智能专家马文·明斯基（M.Minsky）引入人工智能研究领域的。他用 "agent" 指很多更小的过程以某种非常特殊的方式在社会中结合产生真正的智能，用来解释 "智能如何从非智能涌现"。目前 agent 的中译有 "主体" "行为者" "行动者" "代理人" "施事者" 以及根据语境译为 "信息体" 或 "智能体"。由于这是一个其含义因具体使用情景不同而差别很大的概念，有时不得不使用原文，或音意结合译为诸如 "艾真体" 等。从人工智能的当代发展看，根据语境译为 "信息体" 或 "智能体"，虽然含义难以确切对应，但能体现具有智能的 "agent" 的性质，而且人工智能研究领域广泛使用 "intelligent agents" "intelligent information agents" 和 "information agents" 等概念，中译分别为 "人工智能体" "人工智能信息体" 和 "信息体"。"一个人工智能信息体是一计算的软件实体。" "一个信息体是一自主的、计算的软件实体。" 人工智能的发展，为从信息到信息体的理解提供了系统的概念工具。在信息体概念的基础上，信息需要则可以进一步概括为信息体为了满足有意识或无意识的需要而寻找和获取信息的欲望。

以物能体为对象，只能研究物能需要。只有以信息体或智能体为对象，才能不仅窥见广义智能进化的驱动机制，而且进一步深化信息需要以及人的需要的理解。

（二）人的两种基本需要

人作为以生物体为载体的信息体，有两种最基本的需要：一是物能需要；二是信息需要。

物能需要是人的最基础需要，信息需要建立在物能需要的基础之上。人要生存，首先是生物载体要有物能供给，因此就必须有物能；而身体要活动，就必须对活动的环境有感知，因此就必须有信息。这种信息需要甚至在低等动物那里就可以看到，典型的比如蚂蚁和蜜蜂等社会性昆虫相互间信息联系的需要。所谓 "信息素" 就是一种满足信息需要的产物，蚂蚁通过分泌具有特殊气体的化学物质，置放于找寻目标的路径，作为 "路标" 引导同伴到达目的地。

因此，关于信息需要的理解，更重要更基本的还在于信息需要和物能需要的区别。信息需要与物能需要的一个重要不同，表现在意识方面：对于意识信息体来说，物能需要总是在意识层面，而信息需要则如海面冰山，越是复杂的信息体，越是大部分在潜意识之中。由于在意识层面，物能需要都无须人们的特意关注，物能需要自身总是会冒出来，涌现在意识中，需要越强烈越是如此。饥饿难耐的食物需要，难以控制的身体冲动等，都是物能需要的强烈表现，没有任何物能需要不是自己表现出来的。而与物能需要不同，信息需要可以是隐蔽的，如果没有注意或认识到，有些信息需要，信息体根本意识不到其存在。有些信息缺环不到一定情景根本意识不到，而有些整体层次攸关的信息需要，甚至没有一定的领悟能力，智能体根本不可能意识到。在这个意义上，信息需要可以是隐埋着的，这正是英国城市大学信息科学系主任大卫·尼古拉斯（David Nicholas）所说的"隐蔽的需要"。

尼古拉斯认为有一种信息需要，在人类需要中处于隐蔽状态。"人们并不总是知道他们的信息需要是什么。"信息需要可能的隐蔽性质，对于人类具有十分重要的意义。它蕴含着教育的重要价值，甚至对于最重要的智能活动——创新，具有机制性意义。在人的需要中，只有信息需要才存在这样的问题：在潜意识领域从无到有生长出来。因此只有深入到信息需要，才能真正深入研究人的需要。在马克思基于人的需要探索人类社会发展规律的基础上，在信息需要的层次进一步推进人类社会发展规律的研究，像马克思从人的物能需要出发探索人类社会的发展规律，从信息需要的研究出发探索智能进化的规律，将是这个历史性任务的当代工作。

信息需要与物能需要的另一个不同，在于信息需要的满足对智能体自己的能力要求不仅更高，而且可以高到这样的程度，以至于在一定条件下，没有任何智能体具备满足的能力——这常常表现为智能体能力的局限。尼古拉斯将这种情况概括为"未表达的需要"。

信息需要和物能需要的根本不同，还在于信息需要可以具有满足产生的共同性。这与信息和物能本性上的区别密切相关，并因此而具有非同寻常的意义。事实上，物能需要和信息需要都是人的基本需要，只是它们在人的基本需要中，处于不同的基本层次。而它们之所以处于不同的基本层次，则只是因为物能是信息的基础。作为生物体存在，物能需要是人的最基础需要；而作为信息体存在，信息需要也是人的最基本需要。在人类进化过程中，人的信息需要一开始集中体现在心理层面，人们将其统称为"心理需要"。在心理需要的基础上再发展成更为复杂的信息需要形式，人们又将其统称为"精神需要"。因此，在人的需要的研究中，信息需要涉及更为基础的层次。在信息需要的层次，可以对人的需要作更为深入的研究，从而对人的需要及人的本性有一个更深入系统的理解。特别是，由于信息与物能的不同本性，根据对信息需要本性的研究，可以对人作为一个类的存在的需要性质有一个更根本的了解，从而基于人的信息需要对人的本性和人类存在有一个更到位的把握。

人的需要就是人的本性，人作为生物体存在，纯粹的物能需要使人作为生物体生存，表现为动物性存在。只有作为信息体存在，只有从人的信息需要出发，才能真正看到人作为一个类的存在的本性，看到人必须作为一个类存在的根本原因，看到人类作为一个整体存在的基本根据。人的信息需要的发展意味着人的需要的信息提升。正是在这个意义上说，信息需要是人的根本需要。而且不独对于人类如此，信息需要是所有智能体的根本需要。

（三）信息需要作为人的根本需要

人的需要无疑是了解信息需要的重要所在，但同时又是易于构成信息需要理解障碍的领域。信息作为人的基本需要，总是受着更基本的物能需要的遮蔽，而信息作为信息体的最基本需要，就不仅不会存在误解，而且可以大大扩展和深化信息需要与智能体关系的理解，把信息需要与人工智能的自主进化联系起来。通常，就人的物能需要和信息需要的关系，或者就物能和信息的关系而言，"信息需要的概念根植于更基本的人类需要。人类在多大程度上'需要知道'是有争议的，大多数学者认为这是次要的需要，远不如对食物、住所或伴侣的需要重要"。事实上，不光"需要知道"意义上的信息需要，人的所有信息需要都基于物能需要，这不仅意味着没有物能需要的满足，就不可能有具有信息需要的人的存在，而且更直接的在于：没有物能需要的基本满足，就不可能有信息需要的发生，甚至作为信宿的信息体也不可能有信息。

对于作为最复杂信息体的人类而言，信息需要不仅包括能意识到的信息需要，而且包括意识层面之下，还在潜意识中的信息需要。越是低层次的信息需要，越具有无意识的性质。因此在具有意识的信息体中，信息需要可以作有意识信息需要和无意识信息需要的区分。当我们以心理需要特别是精神需要的形态讨论人的需要时，作为它们基础而且是更深层次内容的，事实上是更原初的信息需要。与心理需要特别是精神需要不同，在信息体中，信息需要的产生和存在总是在无意识状态下。这意味着，我们以心理需要和精神需要的方式谈论的，大都是已经到了意识层面的信息需要形态，而不会也不能触及未进入意识层面的信息需要。这也意味着，如果在深居潜意识的信息需要内容层面讨论相关问题，必定涉及新的信息需要研究领域。

作为最复杂的信息体，人类对自己心灵深处真正的信息需要往往所知有限。对此，加拿大麦吉尔大学信息科学学院研究员查尔斯·科尔（Charles Cole）有代表性陈述："无论在日常小范围基础上，还是关于更大更重要的问题，使用信息搜索产生新知识的问题，在于我们人类在这些情况下都不知道我们真正的、深层的信息需要。"由于认识到低层次信息需要的无意识性质，科尔基于信息科学和心理学的广泛研究，提出了一种新的信息需要理论，由"意识进路"研究信息需要和信息搜索。在信息的感受性关系理解的基础上，意识进路蕴含着经验和逻辑内在结合的可能性。

由于感受性关系，信息有经验信息和逻辑信息之分。经验信息是由有形的外感官与对象（不仅是外部世界，而且包括感受对象的信息体自身）之间建立的感受性关系（我们通常将其编码产物看作信息，典型的如作为生物遗传物质的碱基甚至 DNA）；逻辑信息则是由无形的内感官与逻辑对象之间建立的感受性关系（我们通常将其编码产物看作信息，典型的如罗马数字和阿拉伯数字及其关系体系，以及人类各种逻辑系统）。由于这两类信息的不同来源和性质，在人类认识活动中，以致有哲学上经验主义进路和理性主义进路长期相持不下的论争。在信息层面可以看得更清楚，正是经验信息和逻辑信息的相互作用，构成人类认识发展的基本机制。

与此相应，信息需要也有经验信息需要和逻辑信息需要的分野。而且，意识到我们真正具有的信息需要至关重要，它关系到我们作为高级信息体与外部世界的关系。"真正的信息需要打开了从个人到外部信息世界的通道之门，就如当目睹一场车祸时我们所真正看到的。"这也正是科尔通过"将信息需要划分为各个层次来研究"的原因。他认为，我们最深层的信息需要是"与我们在世界中的地位的联系或契合（fit）"。"它是我们内心所拥有的东西——我们如何思考以及我们所思考的，我们的意识——和新信息所在的外部世界之间的连接通道。当我们发现我们真正的信息需要时，它打开了通往外部世界新信息的通道之门，突然让它进入了我们的内心。"科尔的这段话，无疑深刻阐释了人的信息需要的基本性质。在这里，科尔还只是把信息看作是外部世界既定的客观存在，正像物能一样。如果把信息作为感受性关系理解，这种情景就更是活生生的。

作为人的根本需要，信息需要的满足可以是一个惊喜的过程。"发现真正的信息需要是一种体验性的信息事件，导致新信息突然进入搜索者的信念系统，这是搜索者所能感受到的世界与个体之间的能量传递。这是一个'惊喜'的时刻！"它不是一种单纯感性的惊奇，而是涉及意义的理性寻求。这正是科尔所要得到的最后结论："返回到非常广泛的物种层面的意识——对信息需要的研究和对意义的探寻。"正是认识到信息需要作为心理进化驱动的重要性，为了更好地研究信息需要和信息搜索在人类生活中的作用，科尔采取了"一个广阔的、物种层面的视角"，寻问"人类如何在与世界的关系以及他们在世界的地位中思考及思考什么？""以最基本的方式审视作为人类意识一种功能的信息需要。"对信息需要的研究不仅关乎意义的寻求，而且还把它置放于人与世界关系最基本的层面，因此事关人的根本。正是在这个意义上说，信息需要不仅是人的基本需要，而且是人的根本需要。也正是从比人的信息需要更原始的领域，才不仅可能对人工智能的信息需要关联有更深入的理解，而且能更到位地理解信息需要本身。

二、信息的相互性和信息需要的共同性

当今时代，信息文明扑面而来。对于人类发展来说，信息文明非比寻常。它事实上不仅仅是一种与农业文明、工业文明并列的文明，而且是不同于整个人类物能文明的新文明形态。人类信息文明之所以这么特别，就因为信息完全不同于物能的本性，而其中最为重要的就是信息的相互性和共享性。

（一）作为信息最基本特性的相互性

随着信息文明的发展，关于相互性概念的理解展示出越来越广阔的空间。英文"reciprocity"的中译一般为"互惠""互利合作"等。而从西文原文看，拉丁文"reciprocus"包含着一个更重要的机制：有来有往，来回运动。在生活里，这可以解释为礼尚往来；在贸易等多边关系中，自然而然的理解是互利合作；而在信息研究领域，其更深刻的内涵则表现为一个复杂循环的投影，循环运动的平面投影就折叠成了简单的来回运动。这意味着

把平面投影形成的折叠打开，就可以展开一个至关重要的信息循环过程机制。由于问题的复杂性，这一折叠打开尚须假以时日，但要达到对信息最基本特性的理解，则只需把相互性理解为：作为同一整体构成部分之间在整体过程机制中的相互依存、不可分割、彼此影响、共同行动的关系。这一理解建立在 reciprocity 的基本含义基础之上，但还必须基于这一含义，在信息文明的场域加以展开。

关于 reciprocity，目前最深入的理解主要在物种合作研究领域，但即使在这一领域，中译一般也为"互惠性"。将 reciprocity 仅仅理解为"互惠性"显然不够，因为在生物界，尤其对人类来说，"互惠"固然重要，但仍然只是生存的某种补充，并非必不可少。将它理解为"相互性"或"互性"，才能上升到依存关系。作为相互依存，相互性不能没有；如果没有，以其为基本特性的对象就不可能存在。而把相互性放到信息层面，这一含义才能得到真正到位的理解。

相互性之所以是信息的基本特性，因为信息就是一种特殊的关系，没有信宿和信源关系，就不可能有信息。如果不能建立电话之间的通讯关系，作为物能实体的电话依然如故，但作为信息关系体，电话的存在便失去了意义，事实上不复存在。由此不难想见，随着信息文明的发展，相互性概念会日渐凸显并变得越来越重要。

（二）信息的基本特性和人类学基本特性

由于人类归根结底是信息方式的存在，相互性既是信息的基本特性，同时也是人类学的基本特性。正因为如此，信息文明对于人类发展具有非同寻常的意义。在这样一个完全不同的人类文明中，有一个基本的事实至关重要，那就是信息基本特性和人类学基本特性的叠加。这一基本事实是研究信息文明的一个重要基础，它涉及作为信息和人类学共同基本特性的相互性。

信息文明时代所凸显的信息和人类学相互性的叠加，绝不是一种巧合，而是人的存在方式与信息的重要内在关联。这一事实既是深入理解信息文明的重要层面，同时也是理解相互性这一重要概念的最佳场域。

与信息的相互性相比，作为人类学基本特性的相互性相对较为隐蔽。在动物界，越是基本的相互性，越是显而易见。蚁类和蜂群存在生理上的相互性，蚂蚁和蜜蜂离开群体，无法独立生存，这只是一种最基础的相互性。由于作为人类学基本特性，相互性事实上是基于信息的，因而，在生物学关系上，人并不像蜂蚁，脱离类似乎也能生存。只有在语言、情感和社会关系中，才可以看到人类相互性更典型的体现。而人类越是作为信息方式的存在，其相互性就越是明显。

越是高层次的人类相互性，越是集中折射出人性的光辉。随着信息文明的发展，人类个体从家庭到社区，从城市到国家和世界，无不渗透人类的文化和精神相互性。人间最应当开发的宝贵财富，就是人类的相互性。

事实上，相互性是信息文明的内在根据，同时也是大数据开启信息文明的更深层次论据。作为信息和人类学共同的基本特性，相互性是人类信息文明的直接依据，没有这种相互性，大数据和信息就永远只能仅仅是技术手段和资源，而人类文明则只能始终主要陷于物质的纠缠，发展止步于物能层次。作为人类学的基本特性，相互性主要是作为信息基本特性的社会或人类体现，而在人类信息文明社会，大数据则是呈现相互性叠加效应的重要基础。正是社会分工，大大强化了人类的相互性，而人类相互性的真正回归，则是当自己在大数据基础上日益以信息方式存在时，作为基本特性的相互性与同为信息基本特性的相互性日趋叠加。这一相互性的叠加效应，将折射出信息文明时代人以信息方式存在这一历史性重合的壮丽史诗。人类信息文明的发展，既是这一壮丽史诗的展开，同时也是人的本性的展露过程。

（三）信息需要的共同性和人的本性

关于信息需要的特征，目前的研究基本上还没有抓到重点。有的研究概括出的信息需要特征不少，但深刻的不多。尼古拉斯概括出"信息需要的 11 个主要特征"，其中第一个也是最重要的一个，就是"主题"。从把"主题"看作是"信息需要最明显、最直接的特征"就可以看到，这是对信息产品而不是信息需要的特征概括。其他的更不是真正意义上的信息需要的基本特征。正是由此，可以看到关于信息需要的理解，在根本上取决于对信息的理解。信息理解必须随着信息文明的展开甚至信息科技的发展而不断深化。

作为信息的基本特性，相互性正是根源于信息的感受性关系性质。任何关系都具有相互性，但感受性使关系具有更强甚至完全不同的相互性，当信息体发展到互为感受性关系时，相互性就发展到了一个新质层次。在这个基础上，随着互为感受性关系层次的复杂化，相互性不断强化；当发展到具有信息生产能力的人类智能体，相互性便发展到人类学层次。作为信息的基本特性，相互性决定了人的信息需要产生和满足的共同性。

信息文明的发展，使相互性随着人类的发展而不断凸显和展开，人的信息需要的系统研究，将为进一步深入理解人的高层次需要产生和满足的共同性奠定理论基础。

人的本性在根本上就是人的需要，而不同层次需要的满足具有不同的性质。越是低层次需要的满足，越具有个别性，物质需要的满足就具有这种典型的性质。与此相应，越是高层次需要的满足，越具有共同性。人的信息需要的研究表明，这是因为人的需要层次越低，越具有物能的性质；人的需要层次越高，越具有信息的性质。在从生理需要到心理需要再到精神需要的发展过程中，物能越来越处于基础地位，而信息则越来越居于界面位置。

由于越是高层次的人类需要，越具有信息的性质，从而需要及其满足的相互性越强，资源的个人或小范围拥有意义越小。这意味着人类高层次需要的整体性，意味着这种需要满足的共同性。因此，越是高层次的需要，越必须在合作中才能获得共同满足。要么都得到需要的满足，要么都得不到满足，这是需要满足中的共时态相互代理。正是由此可以看到，作为以"代理"为基本含义之一的概念，"agent"具有独特含义。这种共时态相互代理意味着更进一步的事实：不仅需要的满足，而且需要的产生和发展也是共同的，情感和很多社会需要就已经明显是人和人共同的相互需要。如果说情感需要及其关系的形成更多涉及的是少数人，那么思想生产需要的发生和发展，所涉及的人则可以呈几何级数增加。越是高层次需要的产生和满足，越可能直接或间接地涉及更多的人，直至涉及整个类，从而需要的满足和产生越具有共同性。因为只有在人的共时态相互代理中，更高层次上的需要才可能出现。人的需要越发展到高层次，在特定群体中就越具有整体的性质，越是类的整体性需要，从而这种需要的满足也具有类的共同性。由于具有满足的共同性，在特定群体中，这种具有整体性的需要就不是某些个体可以单独满足，而另一些个体不是同时得到满足的性质。在这种整体性需要中，出现了一个新的特点：人的需要不仅仅是在一般意义上相互代理，而且每个人都是共同需要及其满足的代理。只有代表和满足了类的整体性需要，才能得到个人需要的满足，而人类日益以信息方式存在，则大大加速了这一变化。

在信息文明时代，占主导地位的活动越来越是信息创构活动，这意味着物能创构越来越通过信息创构活动进行。人类活动主要是生产创意，而创意的物能实现则完全通过机器完成。正因为如此，一方面，人的信息需要的满足关系到当代社会发展的驱动升级；另一方面，由于信息文明时代，人在根本上是信息方式的存在。对于作为信息存在方式的人来说，创造活动是最符合人性的活动，而大数据为最符合人性的创构活动奠定了基础。在此基础上，创造性活动是人的第一需要，正是信息创构，通过最符合人性的活动走向人的类解放。

信息文明的发展进一步展开了人作为一切社会关系总和的根本性质，社会发展表现为人是一切社会关系的总和——相互性的真正展开，从而使人的信息需要得到空前发展。从信息相互性的角度，无论对于"人是一切社会关系的总和"，还是"自由人的联合体"，都可以得到更深入的理解。不在联合体中，"自由人"就会成为"自由电子"。而马克思主义经典作家关于无产阶级只有解放全人类才能最后解放他们自己，"每个人的自由发展是一切人的自由发展的条件"等思想，则一方面是关于整个人类解放相互性最精辟的阐释，另一方面可以从信息的基本特性和人类学基本特性的叠加得到更深刻的理解。在一个群体中，对于任何人来说，无一例外地必须在群体中的所有人都拥有电话的同时，他才拥有和所有人一样完全的通讯自由度，哪怕还有一位没有电话，他的通讯自由度就受到限制。这既是关于信息，也是关于人类相互性的一个最为简单而形象的展示。信息需要的发展，同时意味着人的发展进入一种信息化的良性循环。

作为信息方式的存在，人具有越来越重要的信息需要。"'信息需求'成为越来越多的人无论在时间上还是在精力上的'第一位需求'。"而且，人越是以信息方式存在，对于信息的需要就越比物能需要更为强烈。由于日益与人的信息存在方式相关联，信息技术将不断深入影响人的信息需要的发展；随着信息文明的演进，人和社会将发生一系列变化，这在根本上体现为人的需要的发展。这种发展将大大出乎很多人的想象，一个总的趋势是：自然人的物能性需要会逐渐减退、萎缩甚至随人机融合而消失，信息性需要则会相应迅速发生发展。在这一过程中，新需要的发生也将有一个很大变化，物能性新需要基本不会发生，信息性新需要则发生得越来越出人意料。这种变化一方面意味着人的发展，另一方面又意味着相应的退化。人的需要及其发展的这种变化，将导致一系列价值观嬗变。因此，人和社会的前提性反思及批判能力便越来越重要。这里既涉及人的信息需要的性质，又涉及信息价值的信息需要根据。

人以信息方式存在的状态，取决于信息需要的满足状态。因此还有一点会出乎很多人的预料，对于以信息方式存在的人来说，信息需要的满足有比物能需要的满儿足之于主要以物能方式存在的人更严重的影响。这一点，从反面看可能更清楚。因食物餍足而倒胃口对人的机体的影响是暂时和微不足道的，而人作为信息系统的信息失衡，则可能给以信息方式存在的人带来致命冲击。作为主要以信息方式存在的人，内在信息系统失衡更根本地还关系到人的信息生产状态，涉及人的创造力的形成和发挥。即使在物能文明时代，这方面的例子也比比皆是，在信息不流通时期，由于观念的扭曲，人们的内在信念系统普遍失衡，一些知识领域的信息生产陷于停滞；而在信息文明时代，人的创造力发挥与人的信息方式存在之间，则构成了信息文明空前凸显的双向循环机制。这种双向循环，不仅涉及人类及其社会发展的一般机制，而且涉及人工智能的自主进化机制。

三、人工智能自主进化的信息需要驱动

关于信息需要的研究，不仅涉及人的需要研究的深化，而且关系到人类智能进化和机器智能进化的共同驱动机制。正是基于人的信息需要的理解，才能推进广义智能进化的基础研究。这正是信息需要及其研究的重要性所在，它既涉及人工智能自主进化的驱动机制，又涉及人工智能自主进化的性质及其与人类复杂关系理解的深化。

（一）通用智能进化的类亲历性

面对新一代人工智能的发展，人们表现出了对于人类命运的空前担忧。深入理解人工智能的发展，对于人类前景命运攸关。信息需要及其特性的研究，无疑为我们提供了在更深层次理解人工智能特别是通用人工智能发展的重要基础。

通用人工智能可以处理复杂的外部关系，这意味着通用智能体必须是一个具有群体性质的存在，即一个群体关系中的个体。因为通用智能体间关系（如情感关系）所体现的是信息的相互性，而这种相互性源自类群中的个体经历，只能在类的经历中形成。也就是说，实现通用智能的自主进化，必须在一个类中才有可能。

通用人工智能的自主进化或人工智能进化到通用阶段，离不开类亲历性。在人类智能进化中，这种类亲历性具有心理学上的依据。正是基于进化心理学，科尔给出一个关于意识的初步定义："人类意识是我们心理的和个体的持续时空之旅的产物，当我们思考我们在世界中的经历时，我们回到过去，然后走向未来。这一时空之旅确立并强化了我们与现实世界的不同——作为世界上独特的行为者的身份。通过时空之旅，我们获得了我们在这个世界上，在一个持续的自我认识行为中的经验的所有权。而且，我们有一个对新信息的

持续信息需要。"正是这种对新信息的持续需要，不仅驱动着人类的进化，而且是通用人工智能进化唯一可能的驱动。一个简单的根据就是：自主进化的通用人工智能只会比人类更是信息方式的存在，越是信息方式的存在，信息体的进化越是由信息需要驱动。而信息需要具有满足甚至产生的共同性，以信息需要为根本驱动的自主进化人工智能，必定具有相同的性质。这意味着，至少是通用人工智能的自主进化，只有在一个类中才有可能实现。

关于进化，凯文·凯利（Kevin Kelly）有一个重要的观点：（在生物学意义上）非群体系统不能进化。这应当是进化的一条铁律，至少是对于通用智能而言，进化只有在一个类中才可能进行。这个结论至关重要，即便并不是所有进化必须在一个类中进行，但通用智能进化一定是这样。人工智能的通用化发展过程，一定是个体在一个类中的社会化过程，也就是人工智能的类化过程。通用人工智能一定是人工智能进化中类化过程——在某种意义上说，也就是人化过程的产物，只是可能这种类化的层次在自然人类之上。

从通用人工智能自主进化的类亲历性，可以得到自主进化人工智能的类人特性，看到机器进化智能具有和生物进化智能同样的类人性质。

通用人工智能的类化途径主要有二：一是智能机器自成一类；二是融入早就以类的方式进化和存在的人类。由于在人类智能进化的基础上发生，通用人工智能自主进化存在人类学路径依赖，应当是自然而然的事情。这提示了一种重要的可能性：人类不用担心人性和智能机器特性的不相容，甚至机器智能体构成对人类的毁灭性威胁。如果人类要当心智能机器，那也是在要警惕人类自己相同的意义上。因此最具挑战性的问题不是来自机器智能毁灭人类的可能性，而是人机智能进化竞速。这方面，人机融合进化似乎是目前最大的可能。所有这些都表明，信息需要的研究至关重要。

对于人工智能的研究来说，信息需要研究的重要性，关键是关乎人工智能自主进化的内在驱动，因而不仅涉及人工智能自主进化的机制，而且由于智能体需要与其本性的内在关联，甚至涉及自主进化人工智能的本性——从而涉及人们目前对于人工智能发展的关切。而对于信息需要的研究来说，其重要性和迫切性却没有被充分意识到。

（二）信息需要研究的重要性和迫切性

由于信息的理解是更基础的任务，信息需要理解和信息理解的相互影响，决定了信息需要理解的重要性，这与目前关于信息需要的研究现状构成了强烈反差。

目前关于信息需要的研究远未引起充分重视，而仅就信息文明的现实发展，已经使人们意识到改变信息需要研究当前状况的必要性和迫切性。人们意识到，"对信息需要的忽视之所以不能再继续下去，具有充分而迫切的理由"，但对这些理由的认识还远远不够，大多局限于信息需求层面，主要是从需求层次讨论信息需要研究的重要性和迫切性。把信息需要作为信息需求研究和理解，信息需要及其研究的重要性就会被严重遮蔽。

在目前的研究中，信息需要和信息需求在人们观念中的未充分分化状态，不仅极大地影响了信息需要的理解，而且由此限制了关于人的需要本身理解的深化。而对人的信息需要的理解，对于探索人工智能自主进化的驱动机制至关重要。

在人类发展语境中，需要是人的发展层次的内在表现，因而人的需要就是人的本性。一方面，一个人的需要是这个人的本性的内在表现；另一方面，通过一个人的需要，能窥见这个人的本性。而需求则是需要的外在表达，这种外在表达表现为人的行为，行为指向具体的所需对象。这里涉及作为人的本性内在表现的需求和作为这种需求外在表达所指向的具体事物，涉及人的信息需要和物能需要一系列关联的系统理解。

在人的需要研究中，物能需要不仅处于基础层次，而且都是有形的。因此，从作为发展层次的需要到外部指向的具体对象，关系相对比较清楚。而由于没有在信息层次理解，心理需要和精神需要的描述都有特定局限，只能是抽象从而不同程度上笼统的，因而不会明显存在下述区分的必要性：作为人的发展层次的需要与作为其表现的对于具体对象的需求。这样，一方面由因尚未涉及更复杂内容而表现得较为简洁清晰，另一方面同时也没有进入对于人的需要的更深入分析和理解。在信息层次可以清楚地看到，信息需要和物能需要一样，从作为人的发展层次的抽象概念，到具有具体需求指向的具体事物，层次也呈现得非常清楚。从这一视域看人的需要，有利于进一步厘清信息需要和信息需求之间的关系，只是由于上述原因，在厘清之前反而感觉混乱了。

在广义智能进化语境中，由于既涉及人类智能体，又涉及机器智能体，"信息需要"和"信息需求"关系的更确切表述应当是：信息需要是智能体作为信息方式存在发展层次的内在表现，信息需求是智能体信息需要的外在表达。厘清信息需要和信息需求之间的关系，不仅是深入探索人的需要的重要前提，而且有利于发现信息需要研究的人工智能意义，明确其在作为人工智能自主进化驱动机制中的地位。

对于人类的生物载体来说，物能需要与我们在这个世界上生存的基础密切相关；而人类作为信息体，信息需要则与我们在这个世界上发展的基础具有更为密切的关系。正是在这个意义上说，人类信息需要与世界更为内在相关。只有深入理解信息需要，才能不仅改变目前主要致力于信息需求，并在某种程度上遮蔽了信息需要研究的状况，充分理解信息需要的重要性及其研究的迫切性，而且通过从人类信息需要到一般智能体信息需要的研究，走进通用人工智能进化机制探索的更深层次。因此，信息需要研究的重要性和迫切性，不仅在于信息需要在深化人类需要理解方面具有重要意义，而且涉及包括人工智能在内的广义智能进化的驱动机制。

（三）广义智能进化的信息需要驱动机制

关于人工智能自主进化的核心机制，感受性和意向性是两个关键研究领域。而正是在信息需要层面，可以看到这两个领域研究的深入。

关于人的信息需要在人类意识进化驱动机制中的地位，科尔作了具有存在论意义的探索。他认识到，"我们所有真实信息需要的来源是我们信仰系统与我们周围世界的关系方面，特别是外部世界和我们内在的、与生俱来的、基于信仰的自我理论之间的'契合'或'不契合'。我们真正的信息需要与我们之外世界中的信息有关的自我认同，以及我们与世界保持平衡的人类目标有关。"信息、意识或心理进化的每一阶段都是具有不同的信息需要意向及人类和世界之间不同的信息流渠道。随着人类通过其认知发展阶段的进化，这种意向动力变得越来越强劲。正是"将信仰与意义意向的寻求和新知识的生产联系起来"，构成了信息需要的驱动，使我们成了越来越以信息方式存在的人类。

正是信息需要的驱动，才使人成为人，也就是说，人之为人，就因为信息需要的驱动；人之所以成为迄今拥有最高智能的信息体，就因为信息需要的驱动。物能需要的驱动使物能体（典型代表是生物体）发展进化，只有信息需要的驱动才能使信息体进化发展。

人之为人的信息需要驱动表明，没有信息需要的驱动机制，机器智能不可能自主进化，广义智能进化不可能形成。作为智能体的根本需要，信息需要涉及广义智能进化的核心机制。信息需要不仅是智能体进化核心驱动力的来源，而且是智能进化过程中信息有序化的根源。

信息需要作为广义智能进化的核心驱动力，集中体现在意识生成的信息需要驱动中。在信息体的进化过程中，总是先有信息需要，然后才有意识形成。科尔发现，"信息需要是人类意识的驱动力，包括它的进化。在数十万年的人类进化过程中，在我们的信息需要能力的驱动下，人类对我们周遭世界的信息变得更加通达"，正是由这一发现，科尔认识到，"信息搜索系统、信息需要的概念基础和信息搜索应当采取基于意识的视角。"作为心理进化驱动的信息需要，正是信息进化驱动力的最终来源。

1991 年，进化心理学家梅林·唐纳德（Merlin Donald）提出了一种理论，将人类意识进化分为场景性心智、模拟性心智、神话性心智和理论性心智等四个层次。正是在唐纳德进化心理学成果的基础上，科尔导引了信息需要意识进化驱动的探索。他认识到，"我们的信息敏感意识是我们成为独特存在的基础"，因此根据唐纳德的人类意识结构的基本图式，把人类意识比作内燃机，从而把寻求需要满足活动中的意向称作燃料："个人在搜索信息时的意向，即引擎的燃料。"而"对意义的探索是一种更强大的燃料，助长了一种更强大的神话心智时间机器"。由此，科尔建立起了一个新的范式，并在此基础上展开了信息需要意向及其性质的探索。他认为，"两个占主导地位的意向是对理解的追求和对意义的更有力的探索。"正是基于意向性层面对信息寻索的考察，科尔发现"信息需要具有激励性质"，信息寻索是一种体验世界的活动。而芬兰坦佩雷大学的里霍·萨沃莱宁（Reijo Savolainen）则认为，信息需要是进行信息搜索的开始状态或动机。它提供了整个搜索过程中的组织原则和驱动力，直到找到满足需要的信息。它是一种极其复杂和重要的"触发"和"驱动"机制，是信息搜索的基础。在科尔看来，我们生活中所有真正的信息问题或需要，那些会改变我们生活的重要信息问题或需要，都是由这种复杂的、框架外的信息需要驱动的。位于意识驱动信息需要-搜索模型核心的，是将信息需要和信息搜索视为一种引擎，其目标是搜索者的新知识产生。正是由人类信息寻索的信息需要驱动机制，可以清楚地看到人工智能自主进化的可能性和相应的重要基础研究领域。

信息需要不仅是人类行为，而且是进化的核心动力来源，涉及广义智能进化驱动的基本机制。作为广义智能进化的内在核心驱动机制，信息需要关系到智能体的环境适应。在这一点上，不仅机器智能进化和生物智能进化相同，而且在信息进化和智能进化中可以看得更清楚。而当前信息需要研究现状与人工智能发展之间的强烈反差，则使人们在人工智能发展和广义智能进化的驱动机制层次，更清楚地看到信息需要研究的迫切性。正因为如此，现在是在信息层次进一步深化人的需要的理解，进而系统理解信息需要以及作为广义智能进化驱动机制的信息需要的时候了。

第二节　信息收集与整序

一、信息收集

互联网文化数据呈现出的实时性、全面性、交互性、伴随性及整合性等特点，使人们享受到跨越时空、互动交流，带来极大生活便利的同时，亦给文化数据情报信息的收集和使用提出了新的挑战。

（一）互联网文化信息的特点

（1）数据量大。互联网在进行文化数据信息传播过程中首要特点在于巨大的数据规模，其中具有 80%~90% 的半结构化或无结构化数据，而且这一数据规模相对于结构化数据还呈现 10 倍到 50 倍的快速增长状态。因此，互联网文化数情报信息收集过程中需要面临的首要问题便是极为庞大的数据规模。

（2）数据类型多样。文化数据以互联网为传播媒介后，也使得文化数据类型衍生出了众多形式。例如：文本、图像、视频等传统数据和置标记、传感器数据、语音数据等新型数据。传统数据与新型数据之间的相互转换更加增加了互联网文化信息的多样性。因此，面对类型多样化的互联网文化数据情报，在收集过程中需要采用更为广泛的技术手段，尽可能实现各类型文化数据信息的有效整合。

（3）价值密度低。互联网文化数据由于来源广泛，数据信息的真伪性无法得到有效保证，从而使得互联网文化数据情报的收集类似"沙里淘金"，需要将大量网络数据进行分类、整理、删选、甄别，然后再进行深度复杂的分析，才能获取极为有限的有用数据情报。

（4）数据更新流转速度快。互联网使得文化数据情报信息流转速度大大提升，使得传统文化数据信息积累到一定程度时的批量式分析转变为实时、动态分析。一旦未能及时掌握有用的互联网文化情报信息，则使其很快湮没在大数据的洪流中，失去了情报收集的有利时机。

（二）互联网文化信息的收集

互联网文化信息相比于传统文化信息其最为鲜明的特点在于数据量的庞大性，对互联网文化数据情报收集就是对数据的"大收集"和"大研判"。而正确的数据"大研判"建立在对数据的"大收集"基础上。因此，互联网文化的研判、利用首先需要对其进行数据信息的收集。具体而言，互联网文化信息的收集主要包括：互联网文化数据情报内容挖掘、互联网文化数据情报结构挖掘和互联网文化数据情报用法挖掘。

1. 互联网文化数据情报网络内容挖掘

在进行互联网文化信息数据收集过程重，首先需要根据互联网所呈现的直接文本、图像、音频等数据，获取有效地文化数据情报信息。通过对互联网文化信息数据的网络内容的挖掘，可以有效地获取当前社会文化发展趋势和热门话题。实现文化传播情报信息的精准化和动态化。

2. 互联网文化数据情报网络结构挖掘

网络结构挖掘是指通过网络的组织结构和链接关系中发现互联网文化数据的情报。其主要包括：超链接挖掘、内部结构挖掘和 URL 挖掘 3 个方面。其中，超链接挖掘能够反映文档之间的逻辑关系、内部结构挖掘能够获得情报之间的内部组织框架结构、URL 挖掘能够实现 URL 地址的聚合。通过上述三种手段能够揭示不同网页之间的相似度和关联度，发现主题相似或关联的网站群等，从而能够有效地获取相关文化数据情报。

3. 互联网文化数据情报网络用法挖掘

网络用法挖掘是指发现网络用户行为数据中有价值的知识的过程，其是用户与网络交互过程中抽取出来的二手数据，包括网络服务器访问记录、注册信息、用户对话或交易信息等。通过对文化数据信息的访问历史进行分析，从而推断出文化数据传播者的访问路径和访问偏好，进而形成网络用户活动的知识库，并可以对其未来的网络活动进行预测和干预。

（三）互联网文化数据情报的使用

随着互联网技术的不断普及和其应用范围的不断扩展，微博、微信、朋友圈等社交应用逐渐成为文化传播的重要途径之一。然而，互联网技术在为文化数据信息交换、传播带来便捷的同时，也为现代互联网文化数据情报信息的使用提出了挑战。例如: 各种虚假信息、网上漫骂与人身攻击等问题的出现，极大污染、毒化了文化环境，对主流文化构成了威胁。如果不能及时对这些互联网文化数据情报进行及时、有效的收集、分析和应对，极易产生重大风险隐患。为此，在当前的互联网文化数据情报信息使用过程中，需要注意如下几点:

1. 主动融入新的信息网络时代

在互联网时代文化信息传播极为迅速和广泛，互联网文化数据情报的使用过程中需要根据大众需求和市场变化及时进行更新。一旦出现新的文化情报信息，只要其符合大众需求，就应及时对现有文化体系进行补充和扩充。如果我们不正视现实，在观念、心态上依旧不为所动，故步自封，拒绝"落网"，那么必将陷入被动与尴尬境地，甚至所收集的互联网文化数据信息并不能有效发挥作用。

2. 强化情报"把关人"的作用

互联网文化数据虚假情报信息的泛滥，使得情报"把关人"的作用更为突出。其不仅仅需要对获得数据信息进行过滤、筛选，还要担当起监督的责任。一方面，需要加强对情报"把关人"的培养力度，使其能够在众多的虚假信息中发现有价值的情报，进而对其进行整合、消化和吸收。另一方面，需要扩大情报"把关人"的规模，实现情报信息甄别的多重把关，保证不遗漏有价值的信息。

3. 有效整合互联网文化数据情报碎片

互联网文化数据情报信息往往是碎片化、不连贯的状态，只有对这些文化数据情报碎片进行梳理整合、持久关注才能最终实现为我所用的目的。首先，梳理整合是要利用信息技术对互联网文化数据情报信息分门别类的整理、分析，还原信息价值的本质去伪存真、去糟取精。其次，对于有价值的互联网文化数据情报要持续关注、深入了解，变碎片时代的随意浏览方式为反复刻意关注，实现文化数据情报信息的量变到质变，更加深刻的理解和记忆碎片化的文化数据情报信息。最后，在上述两个步骤的基础上，进行自我加工、思考，融入自身的思维模式和体系，利用自身的方法论和世界观进行进一步的加工处理，实现文化数据情报为我所用。

在互联网技术愈来愈发达的环境下，互联网文化数据情报的收集和使用也呈现出的实时性、全面性、交互性的特点，这给文化数据情报信息的收集和使用提出了新的挑战。在这一背景下本节对互联网文化数据情报信息的收集和使用进行了详细分析。首先指明了互联网文化数据情报信息的特点在于数据量大、数据类型多、价值密度低、数据更新流转速度快；然后阐述了互联网文化信息的收集主要包括：互联网文化数据情报内容挖掘、互联网文化数据情报结构挖掘和互联网文化数据情报用法挖掘。最后，从主动融入新的信息网络时代、强化情报"把关人"的作用、有效整合互联网文化数据情报碎三个方面指出了互联网文化数据情报信息的使用。

使电子文件信息有序化，是电子文件保管的主要任务之一。电子文件信息整序，不仅为电子文件管理奠定基础，同时也是电子文件检索和提供利用的前提。

一、信息整序

（一）电子文件信息数据库

数据库是目前广泛流行的数据管理技术。为电子文件建立相关数据库并存入电子文件数据是电子文件信息整序的首要环节。

数据库（Data Base）是在计算机的存储设备上合理存放的相互关联的数据集合。每个数据库包含着一个或多个相互联系的数据文件，数据库中的数据有复杂的数学模型，具有共享性和最小冗余度，并通过数据库管理软件，在操作系统控制下，对其进行统一、合理的存取、管理和控制。对于一个特定的数据库来说，它集中统一地保存、管理着某一单位或某一领域所有有用的数据。

数据是对客观事物的符号表示，在计算机科学中是指所有能输入到计算机中并被计算机程序处理的符号总称。电子文件作为一种客观事物，在计算机系统中，是用各种数据来描述的。由于电子文件的不可视性，在利用中必须保证电子文件能够准确恢复，以特定的结构形式储存在电子文件信息数据库中。

1. 组建电子文件信息数据库的意义

（1）电子文件信息需要运用计算机及其相关技术设备，在信息有序化的基础上，对其进行科学管理。组建电子文件信息数据库可以集中、统一地管理电子文件内容及相关信息，并通过标引技术建立档案信息的有序结构，经过整序，构成电子文件信息数据库内有序的虚拟状态，形成存取电子文件的"文件库"，保持电子文件信息之间的有机联系。

（2）建立电子文件信息数据库，是对电子文件数据及其结构的确定，同时也是对电子文件著录、标引项目的确定和电子文件利用前数据的准备工作，是电子文件检索系统建立的前提。数据库是电子文件信息管理系统中最关键部分，计算机软、硬件的配置，其目的就在于让利用者快速准确地从数据库中检索出符合要求的信息。如果没有数据库，一切管理系统、检索系统都将成为"无米之炊"。

（二）组建电子文件信息数据库应注意的问题

任何一种数据库的建立都有一个复杂的过程，包括数据库的设计、数据准备、建立数据库、数据库的运行和鉴定验收等环节。就电子文件信息数据库的建立而言，应注意以下几点：档案数据包括电子文件内容信息、背景信息、元数据和识别文件。

（1）内容信息。电子文件内容信息主要指具有有序结构的电子文件自身。同时，为了在检索利用中区分和辨别，还需要用一种简练的形式来表达电子文件的内容特征。电子文件的内容特征同纸质档案等传统档案一样，以档案信息处理语言及其词语（如档号、分类号、主题词或关键词等）来表示。它们是通过标引获得的，也应包含在电子文件内容信息中。

（2）背景信息。背景信息是确保电子文件的档案价值的关键要素。它一般包括电子文件形成目标、形成机构及其职责、形成年代、与其他文件的关系、形成之初的结构、形成和使用阶段的功能与活动、明显影响文件形成和维护的历史环境等。详细的背景信息可以作为检索工具，成为电子文件利用者正确理解与利用电子文件的必要保证。

（3）元数据。元数据是对电子文件数据的描述，它包括电子文件的内容、背景信息和结构等方面的数据，是电子文件管理系统的"命脉"。

第三节 信息处理与分析

随着时代的不断发展与进步，科学技术的广泛运用使人们的生活、学习、工作的部分形态都有了一定的改变。尤其是计算机在生活中的应用越来越广泛，它作为一种新的工具，可以帮助我们更好地工作、学习，也为我们带来了更多的服务。但计算机运用更广泛的一面还是在日常的工作中，有了计算机的运用，一些信息化问题的处理确实方便了许多，时间效率也提高了很多，可以利用更少的时间去做好一件事情，而且对信息的储存和传输也更加的方便和快捷。相对于纸质储存方式，使用计算机会更加环保。但是，随着计算机的广泛运用，也有不少人们对其处理信息方面产生了质疑，很多人认为在网络环境下处理信息是不安全的，很可能会造成信息的外露；而且，目前社会也有很多黑客，会攻击计算机，窃取机要信息，也许还会给一些企业或是个人带来很大的损失。所以，在网络环境下如何正确地安全可靠地使用计算机对信息进行处理、储存，是现在人们需要探究的问题。

一、网络环境下计算机信息处理的优势

计算机的使用在很大程度上给人们的生活、工作带来了巨大的变化。在当前网络社会，用计算机去处理一些信息确实会提高速度和效率，而且与传统的信息处理方法相比，利用计算机分析问题、处理信息更加便利，能够打破空间上的限制，对于远距离的信息传输更加方便快捷，使工作省时省力。除了可以打破距离的限制，还有就是一些比较实际的、更加贴近人们生活的事情。例如：人们要找工作，计算机网络就可以提供一个很好的平台，其中各种各样的找工作的网站，给那些求职者带来了很大的就业机会，直接在计算机上查找企业信息，向人力资源部门上传或投递简历，既节约时间又节省金钱，对于求职者是个好的方法；另一方面，计算机信息处理系统还可以对求职者信息进行分类汇总，为企业寻找合适的求职者提供了方便，而且在网络上也便于人们对录取信息的查询。计算机网络的利用对当代学生也是一种便利，首先，在学习中对于各类学习信息的查询以及登陆一些教学网站进行学习或复习都是个不错的选择；其次，各大高校的录取形式目前也是采取网上报名、网上录取的形式，大量的学生成绩管理是一个很大的工程，利用计算机对学生信息进行处理就方便得多，对学生个人信息和成绩的划分、整合只需要一个键或是简单的操作就可以完成。此外，因为网络是一个相通的环境，所以才能更加方便的满足人们对各种信息的获取和利用，无疑对加强信息处理技术提出了更为严格的要求，这就需要我们不断针对现存的问题进行研究，确定在网络背景下信息数据受到的威胁，并采取各项安全技术进行管理。

二、网络环境下信息处理的隐患

（1）在网络环境下处理信息容易造成信息的外漏。人们在日常生活中或多或少都会接到一些关于推销产品的电话或是在电脑上、电视上了解到一些关于诈骗的信息和新闻，这些推销人员和诈骗人员都是通过不良的渠道获取了我们的私人信息。这也就说明，在网络环境下处理信息时也会造成信息外露的问题。这样一来，使私人信息处在不安全的状态之下，尤其是身份证上面的信息，很容易给自己和家人带来不安全的隐患。目前来看，现在网络信息技术已经融入社会发展的每个角落，与人们的生活息息相关，人们可以更方便地通过网络获取相应的信息，并且完成信息数据的共享。前几年有一种搜索叫作"人肉"，就是利用计算机网络来查找某人的个人信息，无论是肖像、家庭住址、电话号码、工作单位等等一切信息都会一丝不漏地被找到。这是种很可怕的技术，当然具体来说这也是在网络环境下计算机对信息的一种处理方式，只不过不是正常程度，有时还可能触犯法律。

（2）无论是什么东西，都是有好有坏，这就是社会发展下的衍生物。部分计算机的内部软件也不都是正版的，有的商家为获取更高的利益，在计算机上安装一些盗版软件，而这些软件在利用方面，可能与正版的软件没有什么区别，但是当计算机受到黑客或是不良网站攻击的时候，其防火墙就会轻而易举地被攻破，可能会导致电脑中病毒，对于企业来说，一些很重要的数据、文件信息就会被黑客窃取，必定会造成很大的损失。

（3）计算机的操作程序十分的严密。一般来说，我们使用计算机对文件进行整理、修改或是注册一个网站、保存一些资料后，都需要先点击退出按钮，然后再关闭网页，但是总有一部分人习惯性的省事，直接就把网页关了，而这种情况下，我们的信息还会留在计算机的后台中运行着，那么信息就会相对处在一种不安全的状态，就会造成信息的外露，很容易被其他人窃取或是盗用。这也就是说对计算机的严密操作技术我们要详细的了解并且要一步一步按部就班的来做。以上都是从计算机自身还有人为的各个因素来讲计算机在进行信息处理以及利用时的安全隐患。更重要的是，我国的计算机安全管理水平与世界相比来讲还是比较落后的，处于发展中国家，计算机科学技术的软实力还在一个发展的过程中，总的来说，还没有一个比较先进的、比较完善的、系统化的信息安全管理系统。管理系统的不完善也是造成在网络环境下使用计算机进行信息处理的不安全因素之一。

三、提高在网络环境下信息处理技术安全性的方法和措施

要提高用户在网络环境下使用计算机的安全意识。在网络环境下使用计算机对信息进行整合、处理储存的时候要提高安全意识，避免在计算机网络上浏览或者下载不安全信息，进入不良网站，如果不小心进入一些不良网站或是下载了不安全信息，无论是手机还是计算机都会有防火墙给予提示，这时要尽快退出，并按照防火墙的提示进行操作，绝不可以不听指示，这样会使计算机处于不安全状态。其次，在任何网站如果有陌生人发来邮件和

网站链接，不要随便点开，也不允许私自转发给别人，因为这些信息大多都是不安全的，要尽快删除这些信息，不然也会导致计算机的卡顿。最后还有一点，刚刚说了陌生的信息，有时候我们也要学会辨别认识的朋友同学发来信息的真假，一些链接或是借钱的信息可能都是诈骗人员盗取了朋友的 ID 给你发的信息，要多一个心眼、多问一问。另外，这种诈骗的方式也可能以短信的形式发给你的家长，也要把这种方法告诉家长，及时辨别真假信息。不要使用盗版软件或者硬件。很多计算机容易受到黑客的攻击不是因为计算机的防护技术不够强大，也不是因为黑客的技术有多么的了不得，而是因为某些盗版软件导致了在任何环境下使用计算机都是不安全的。因为正版软件价格普遍高一些，某些商家便浑水摸鱼，使用盗版软件进行计算机的安装，一方面是贪图一些利益；经一方面是人们因为贪图小便宜，就买一些盗版的计算机配件，其抵御病毒的能力太差，可能到最后沦为"捡了芝麻，丢了西瓜"的下场。所以，我们一定要选择正规厂家生产的计算机，确保初始环境的安全。这样就会降低黑客的攻击率，从而提高计算机处理信息的安全性。

计算机的发展给人们带来的利还是大与弊的，这一点我们要得到肯定，但是也不乏会有一些心存侥幸的不法分子，利用计算机的信息处理漏洞进行一些诈骗犯罪。所以，对网络环境下的计算机信息处理安全技术的分析是个重要的问题，它的完善将推动计算机网络的进一步发展。

第四节　信息检索与服务

在信息技术高速发展的今天，数字图书馆的出现是未来社会发展的必然趋势，也是未来社会的公共信息中心，它是一组可以由计算机技术处理和有序组织的信息总和。我们可以不分任何时间地点利用网络传输各类文献资源，远程指导读者如何获取想要的信息资源或者为读者提供他们所需的信息服务。我们要赶上信息化时代的步伐，加快做好信息检索工作，为读者提供更好更快捷的信息服务。

一、数字图书馆的发展现状

（一）数字图书馆的产生

数字图书馆（Digital Library 简称 DL）是一个使用数字技术处理和存储各种图形和文本节档的库。它本质上是用于多媒体制作的分布式信息系统。收集图像、语言、文字、视频、音像、视频软件、数据等高价值的多媒体信息，进行标准化处理，做好保存管理工作。它通过最先进的计算机技术不断扩大知识库，集合多媒体信息，建立数字化、网络化的信息体系，进而提供在互联网上高速的、跨库检索的电子存取服务，成为一个跨区域面向对象的网络查询和传播系统。数字图书馆是图书馆自动化的高级阶段，它将成为未来人们生活、工作和学习的重要平台和前提条件。

（二）数字图书馆的特征

信息资源数字化：信息资源数字化是现代数字图书馆的基础，数字是信息的载体，信息依赖于数字存在，没有数字化的信息资源，数字图书馆就成了无根之树。

信息资源的网络化：在信息资源数字化的基础上，数字图书馆的信息通过互联网把分布在不同地区和单位的各种文献信息数据库系统连接起来，使信息量不断增加，范围逐渐扩大，做好网络通信是建立信息资源网络化的关键，更对数字图书馆信息服务起到至关重要的作用。

信息资源多样化：数字化图书馆将更好地利用光盘数据库、电子工具书和网络信息资源，因特网是信息咨询工作最重要的资源库，它不但提供网络资源指南、数目数据库、联机数据库等信息资源，也使这些信息资源不再局限于几个图书馆的馆藏，随着网络可能成为全球的信息资源。

信息检索的自主化：数字化图书馆利用先进电子化设备查询已经加工分类存储好的相关信息资源，实现网络化、智能化检索，向读者展示各种生动、具体、形象、逼真的信息。

（三）数字图书馆建设的意义

数字图书馆构建的核心是以中文信息为主的多种信息资源，它会快速扭转互联网上中文信息缺乏的现状，构筑中华文化在现代互联网上的整体优势，充分展示我国悠久的历史文化。

数字图书馆的建设，一是改变图书馆传统的信息收集、加工、检索、编制各种目录、索引、文摘等使用方式，借助网络技术、计算机科学技术、通信技术及多媒体技术等信息资源的有效利用，达到资源共享的目的；二是弥补图书馆馆藏资源短缺和图书期刊出版承压的现状；三是图书馆在倡导、组织和服务全民阅读方面能够更好地发挥其重要作用，图书馆员的职能和角色发生了变化。经过培训，他们将成为获取和整理信息的专家；四是转变服务模式和工作方式，为读者提供更方便、更有效的服务，满足读者的不同需求，使读者不受时间、空间的限制，获取各自所需要的信息资源，极大扩大了读者的范围。

二、数字图书馆文献信息检索探讨

（一）信息检索

文献信息检索是数字图书馆系统高效运营的关键所在，是指文献或记录的信息集合进行查询以检索出能够满足个人或团体信息需求或感兴趣的信息内容的过程，数字图书馆将所有文档信息存储在网络的某些节点上。在用户确定主题词或关键字和布尔逻辑之后，只需把它们正确输入到机器里，并键入开始检索的命令，机器就会在网上数字化文献中从头到尾逐个对照检索，只要一致，文献立即被选中，如果想要原文，还可以将相关文献信息套录到你的机器上，从而完成检索工作，这样检索文献信息不但方便快捷，而且准确率也很高。

（二）智能化信息检索

智能检索可以帮助人们在开发网络信息资源时"提取精华"，消除表面信息的干扰，从信息内容的角度寻找高质量的信息，智能检索是建立在一个或多个专家基础上的信息检索系统，读者需要做的是把他想做的事情传给计算机，以及如何做到这一点不需要人工干预，这意味着读者将完全摆脱烦琐的规则，智能信息检索是人工智能和检索技术的有机结合，其内涵在于检索工具具有学习、分析、辨别和推理的能力，所以智能检索技术的发展在未来具有相当大的潜力。

三、数字图书馆的信息服务

随着信息化时代的来临，数字图书馆也开始了网络信息化建设和发展，读者对图书馆的信息服务也有了更高的要求，他们不仅仅满足于简单需求模式，而是要求图书馆员不仅能管理信息资源更要掌握网络知识成为信息引导员，对于图书馆员来说他们增加了对图书信息进行分类、标签、重新组合的工作。

（一）改善流通系统

现在图书馆虽然有计算机办理借还手续，但仍然是劳动密集型工作，读者需要亲自到图书馆来，在检索机上检索到所需要的图书，再到书架上找到图书，然后由馆员代办借阅手续，借阅时间到，还要到图书馆来还书，非常烦琐麻烦。随着数字图书馆的快速发展，网络和相关技术可以为我们开展工作提供更好、更有效的方式，因此应当改善原有的流通系统，使图书馆的流通服务由读者到馆办理手续向读者在网上办理手续转变，真正实现用户的自我服务。

（二）增添信息服务的特色

数学图书馆不仅仅是让我们能检索出有关文献，更优化了咨询、采购、追踪等服务。比如个性化服务，按着读者的想法，根据读者的自身情况，让读者获得他可能需要的资源，还可以根据读者的需求提供在线新书购建服务，图书馆定期分析处理这些构建需求，然后采购到读者所需要的图书，系统通过电子邮件自动通知购建的读者，让读者尽快获得他们需要的信息资源。读者借阅的图书快到期时，及时提醒读者续借，根据读者的需求，提供课题检索、跟踪检索、委托检索等。还可以提供参考咨询服务，我国有大量的图书馆在对参考服务器方式进行了一定程度上的尝试，例如通过电子邮件的方式来回答咨询问题，还可以使用匿名的方式来申请咨询或接受咨询，一改传统的面对面，减少交流的约束性。

（三）建立新的人才管理机制

数字图书馆的服务已经从过去满足书刊的需求转变为满足知识和信息的需求。这就需要建立一支素质过硬的人才队伍，有计划地进行专业综合素质培训，要掌握网络、计算机、多媒体技术，不断提高知识导航的能力，我们的图书馆服务队伍即要有创新意识、优良的道德修养、思想观念，更要具备较强的技术水平，比如熟练操作计算机的能力和外语专业能力。现在是服务型社会、信息型社会，我们要有信息服务意识，努力学习信息化知识，利用计算机提高自己的信息化技术水平，树立正确的信息观念，用我们的专业知识和信息化知识服务好读者。我们要学会利用科学理论在烦琐杂乱的信息源中挑选、总结、分类，从而分析出新的动态。只有这样，才能完成文档信息资源的收集、整理、处理和传输。

第五节　信息传递与反馈

旧媒体或者传统媒体是传统媒体艺术沟通和表达的手段，这通常认为传统媒体的一部分产业是广播、有线电视、电影、音乐录音带、报纸、杂志、书籍及大部分印刷出版物。网络媒体是通过网络来传播的媒介；数字媒体是运用数字传输方式来传递信息；多媒体是通过网络能够融合文字，图像，声音等多种传统媒介功能。这种艺术形式已经规避了画廊和博物馆系统的传统优势，通过网络给予的审美体验。在许多情况下，观看者被带入到某种具有交互作用的网络艺术作品。

一、当代网络艺术的发展

当今信息时代，人们面对社会信息化的浪潮，通过符号化和复制化来处理，并以此来分析种种社会现象；或用各种信息符号来传播新的知识，使各种新的信息获得迅速的增殖并得以扩散。网络艺术在信息时代下应运而生。

（一）网络艺术的背景

网络艺术运动在广泛发展的背景下产生，因此，网络艺术是一个重要的里程碑网络，在艺术史上具有重要的意义，而不是一个具体的流派。网络艺术运动的早期包括国际激浪派和前卫流行运动。

（二）网络艺术发展

网络使世界各地的人们分享信息，虽然这些信息可能只有本地用户或特殊用户设计的。从艺术作品，网站专有信息的互动作品，现在设计师必须表达各种的概念，给予全世界的人，无论这些人使用相同的语言，具有相同的审美和文化了解常见。

二、实时信息反馈的特点

实时信息反馈是在运行和计算，是指以时间的引入，由自动数据处理或网络传输，当事件的发生时，利用该运算处理后的数据，达到显示或反馈和控制的目的。对于管理控制工作中的信息反馈来说，它是根据管理过程和技术而组织起来的在生产经营活动中产的，并且经过了分析整理后的信息流或信息集，它们所包含的信息种类繁多、数量巨大。在信息时代，人们生活在眼花缭乱、高节奏的信息浪潮中，身处不断"复制"的工作环境中，并由此而形成了一种具有普遍性的社会心理，即希望社会各部门以最快、最明确的方式让人们获取到最有价值的信息；这就要求把一切东西和行为都简便化，一切事物都集约化、一切活动都高效化。在这种社会心理的驱使下，人们的行动不需要太多理性的逻辑思考，而只急需那种随时能够应付急剧变化的、能够高效地对信息的感受和处理能力。

三、网络艺术与实时信息反馈的结合

网络艺术家进行创作的方式和手段变得更加多元化，但从根本意义上讲，所有的这些以网络为媒介的当代艺术创作其核心都离不开互联网进行，以观念表达为核心及实时信息反馈给艺术注入新鲜活力。

作品"The Goal of CNN's Ecosphere"是一个在线可视化网站，其形式是交互式 3D 地球仪，被称为"茂盛的数字生态系统"以非常相似的植物和树木自然的外观。在参与中，3D 生态圈的虚拟植物生长被标记为 #COP17。每个参与者讨论关于气候的变化的特定主题，能够使生态圈中的植物生长。实时的信息反馈支撑着此作品在互联网中"活"下去，而制作者的创作观念是让全世界的参与者"看到"气候是如何变化的。

艺术家评论家苏尼加在 2002 年创作了《每日死亡的大字标题》，其网络艺术是显示 1000 个人形图标，每个图标代表一个人。从 2002 年 6 月 15 日开始，纽约时报报告每死亡一人，新图标将被替换的图标代表死亡。如果是非正常死亡，图标出现下面的标题链接的死亡有关的报告。到 7 月 26 日，原有图标全部被标明死亡原因的新图标所替换，死亡原因有汽车炸弹、自杀爆炸、枪击、火灾、地震、癌症等。在这里，观众是接受主体，工作本身是与外界的主要环节，是作者的主体是不存在的，然后实时信息反馈起着关键的作用。

STOC（股票行情自动收录轨道比较）是一个交互式，实时信息反馈的数据可视化网站，使用隐喻的行星系统，地图参数标准普尔股票的动画视觉输出。图中直接比较成百上千的股票，通过各种个股参数映射到轻松的视觉输出。

此网站通过可视化和实时的数据，比较不同项目，从而最快最直接选出合适的项目，达到参与者的要求和目的。

由此可见，我们已经进入了一个艺术表现方式得以更生动和更具参与性的新时代，我们将有机会以截然不同的方式，来传播和体验丰富的感官信号。实时的信息反馈使我们参与作品其中，并即刻得到我们想要的信息。

四、实时信息反馈的网络艺术现状与展望

虽然网络艺术家被技术的乐趣所吸引，导致艺术家沉迷于制造新技术的各种虚拟效果，而忘记艺术的本质。当前中国网络艺术发展的瓶颈，许多作品表示仍在制造交互式虚拟视觉和虚拟互动体验，没有满足的参与者，让观众得到的信息。

以上所见，在网络艺术中，艺术与技术须建立起良性的互动关系，在艺术创作中也必须纳入技术因素，实时数据可作为艺术创作的技能和手段，增强作品的表现力，丰富了艺术的内容，更新了艺术的观念。实时数据和信息反馈使网络艺术迅速普及及大众化，高度互动性的创作平台将使艺术家通过简单的鼠标单击与拖多完成创作，艺术家可"零距离"地与观赏者传达艺术、表演艺术及交流艺术。

第六节　旅游管理专业信息碎片化与案例教学法

在如此内外交困的情况下，能够保持本科院校旅游学科特点的出路似乎只有一条，即宽基础＋专攻＋综合＋实践能力。也就是说，在学生培养上努力做到使旅游专业的学生在宽泛的多学科知识的基础上对某一领域具备突出的专业能力和实践技能，同时具备别的专业学生所不具备的跨学科和符合社会实际的综合交叉分析判断能力。只有这样才能解决"样样通"往往"样样松"的困境，旅游专业毕业生才会具有比较优势。为实现这一转变需要教学目标、课程设置、教学方法等多方面的改进与努力，而在教学方式上对上述目标具有极大促进作用的手段之一无疑就是案例教学法。

但是目前旅游管理专业毕业生就业难，转专业就业以及硕士、博士招生时导师不愿意接收旅游专业毕业生等问题普遍存在。究其原因，一方面是导游、服务生、前台等职位不具备高等学历或理论知识的人也可以胜任，并且旅游专业的毕业生虽然在大学学习了不少理论知识，但在实际管理实务与操作技能方面，却又不如高职高专院校培养的毕业生。另一方面，旅游专业毕业生大学四年的课程虽然涵盖了管理、经济、政治、文化、历史、社会、中文、外语、传播、网络、市场、营销、策划等非常广泛的领域，但是到了具体某个岗位竞聘的时候，以上各专业的毕业生在各自的专业领域又比相对"略懂"的旅游专业毕业生具有明显优势，这也是硕博导师组建研究团队时淘汰科班出身考生的重要原因之一。另外，旅游行业中需要深厚的专业功底和丰富的实践经验的高级管理和策划岗位，一般本科生又是无法企及的。由此种种致使旅游管理本科生就业选择范围日渐狭窄，长远来说必然会使旅游管理专业学生及教师失去信心，最终影响学科发展的后劲。作为朝阳产业的一门热门学科，本科院校的旅游专业急需一条摆脱目前困境的道路，而想寻求这条出路则必须要从了解自身专业特征出发，明确专业目标与社会需求的关系，进而确定下一步的发展方向。

一、旅游管理专业的学科与教学特征

总的来说，旅游专业具有综合性、交叉性、实践性和时效性等学科特点。由于旅游产业包含了诸如旅行社、景区、交通、运输、饭店、宾馆等多种行业，因此从事旅游服务行业的专业人才的知识体系就必然要涉及经济学、政治学、历史学、法律学、地理学、文化学、心理学、社会学、统计学等多种学科，以便使旅游从业者或研究者在实际的业务操作实践或研究中能够以跨行业、跨学科的横向视野综合考虑相关因素来思考和处理问题并找到最优的解决方案。

从纵向来说，旅游专业不仅需要不断地随着社会及旅游产业的发展更新自身专业体系与理论，而且需要积极吸收多种相关学科专业的最新发展为我所用，从而促进自身的进步与完善。这就要求旅游管理专业在知识理论体系以及教材方面进行不断的更新换代。而且随着全球化与行业多样化的发展，本科院校培养的旅游人才要适应市场就必然需要具备多学科交叉思维应用和与时俱进的能力。

与自身专业特点相对应，旅游专业的教学方法也就具有了多学科性、方式多样性、实践性等特征。一般来说旅游专业课程包括旅游学、旅行社经营管理、景区经营管理、旅游英语、政策法规、旅游规划与开发、饭店管理、心理学、经济学、市场营销学、信息系统管理、高数、企业会计、餐饮经营管理、导游业务、地理学、旅游文化学等必修课程以及美学、历史、礼仪，计算机、摄影等辅修课程。其中，诸如旅行社管理、景区经营管理、导游业务、饭店管理、旅游规划与开发等课程不仅需要理论学习，还要有解决实际问题的能力，而像前厅与客房管理、餐饮管理、旅游服务礼仪等课程讲求很强的实践操作技能的培养。课程的多样性就使得旅游专业教学方式从课堂理论讲解，课堂讨论、课程论文、实训室模拟等，到实地考察体验、现场实践、工作实习等不一而足，以实现学生对多个学科知识的多层次、多视角的比较与分析，能够以开阔的视野，全面而且深入地理解和运用所学相关专业知识。

由此，本科院校的做法是一方面向学生讲授多种学科的基本理论，另一方面对学生进行旅游服务所需的各种实践技能的训练。目前很多院校建立的各种实训室、实习基地、校企合作等，甚至有些大学在校内进行产业化的半学习，半工作的办学模式，比如国内的上海师范大学大学旅游学院、美国的由希尔顿饭店集团创始人康拉德·希尔顿捐资创办的得克萨斯州休斯敦大学希尔顿饭店学院。教师和学生同处在饭店运营的环境中进行教学和学习。

在这样的专业特性和教育体系下培养的本科生应该是既有广博的理论基础以及比其他专业学生更广阔的跨学科视野，又有很强的实践操作技能。但是，由于知识信息的碎片化，旅游专业学生普遍存在"样样通"而"样样松"的现象，使其在人才市场上却不具有明显优势。原因很简单，一个人的时间和精力都是有限的，在同样的大学四年内，学习十个学科知识想达到甚至超过其他人只学一个学科掌握程度，还要对各个学科融会贯通，同时具备较强的实践技能，其结果是不言而喻的。然而对于本科旅游专业来说，一方面，多学科理论与实践技能缺一不可；另一方面，如果走技能培训的道路则失去了与专职院校的差异性。

应用 SEC 储量评估结果在计提资产折耗等方面的应用已经进行了数年，然而，依此计算的各油气生产单位油气资产折耗率存在一定的差异。折耗率过低，导致部分资产最终不能进入成本，不仅虚增部分利润，而且影响到固定资产的再投入计划编制；折耗率过高，导致当期利润大幅减小，带来管理风险。在应用 SEC 储量评估结果计算资产折耗中，可以用其他资产折耗计算方法与之进行对比，对 SEC 储量评估结果进行反馈，使之反过来约束 SEC 储量评估工作。

二、案例教学法及其优势

案例教学法是指以案例为素材，在教师指导下运用多种方式启发学生思考，对案例的实际问题进行分析，提出见解，做出判断，从而提高学生分析、解决问题能力的启发式教学方式。美国的哈佛法学院院长克里斯托弗·哥伦姆布斯·朗戴尔（Christopher Columbus Lang dell）于 1870 年创立了判例教学法，即案例教学法。直至 20 世纪 40 年代，案例教学才初具规模，形成了包括选题、编写、应用等环节在内的完整的案例系统。到了 20 世纪的 60 年代初，美国就开始在旅游专业教学过程中使用案例教学方法，并对案例教学方法进行了全面的研究分析与梳理。之后，国外有许多国家的旅游院校例如法国、加拿大、瑞士、英国以及澳大利亚等相继将案例教学法全面引入到旅游教学与实践之中。由于案例法教学不仅能够促进教师与学生的互动，真正做到"以学生为中心"，在课堂上提高学生与教师的积极性与参与度，而且使学生把理论与实际社会联系起来，通过实际运用来巩固和深入理解所学知识，取得了很好的教学效果。后经多年的发展，案例教学法广泛应用于经济、管理、教育、医疗、法律等学科领域，积累了丰富的经验，并建立了很多相关的案例资源库。

良好教学效果的取得是由于案例教学法具有传统教学法所不具备的一些优势。首先，从教学形式上来说，案例法教学相对于传统的教学方式更加具体，对知识点的呈现更加直观而生动，使抽象晦涩的理论和规程变得简明易懂，使学生对授课内容更加容易记忆和灵活掌握。正如著名实验心理学家赤瑞特拉（Treicher）发现："一般人能记忆自己阅读内容的 10%，自己听到内容的 20%，自己看到内容的 30%，自己听到和看到内容的 50%，在交流中自己所说内容的 70%。"其次，从课堂气氛上来说，案例法教学相对于传统的教学方式更加有利于促进师生的互动，形成活跃的课堂氛围，从而激发学生的积极性与参与欲望。最后，从教学效果上来说，案例教学法通过让学生综合运用所学知识分析案例，解决实际问题，使学生能够真正获得思考、判断和处理现实问题的能力，学以致用。这里需要补充的是，实践性的教学也是一种案例教学，比如做床、摆台等，因此案例的本质是直观具体应用操作演习。

　　总的来说，案例教学法的直观性、参与性、启发性以及实践性等特点不仅大大提高了学生的学习兴趣和求知欲，而且能够培养和提高学生自主学习、独立思考、团队合作、协调沟通、表达应变、综合决策、心理素质等多方面能力；同时，可以使教师在教学实践过程中了解学生知识掌握情况并发现存在的问题，从而能够做到因材施教，有的放矢，刚好符合了旅游专业的学科特征和培养目标。

三、本科院校旅游专业案例教学法的实践方向

　　我国高校的旅游管理专业已普遍采用案例教学法，也取得了相当成绩和效果，但是由于存在一些诸如旅游案例研究不深入，没有建立系统化的旅游案例库，案例本土化不够，案例更新不快，案例来源渠道狭窄，案例的加工不足等问题，教学效果不佳。

　　实际上案例的搜集，整理，加工很多都是一线教师在做，本身时间精力不充裕，加之力量分散，而且既有专业知识，又具有丰富的专业实践操作经验的"双师型"教师又比较缺乏，使得课堂上使用的案例质量很难得到保障。同时，案例教学法在实际应用当中部分教师习惯于传统的灌输式教学，对案例教学认识不清。课堂教学方法手段陈旧单一，与传统"填鸭式"的授课差别不大，师生之间的交流互动不足而无法激发学生的参与热情。

　　显然，为获得更好的教学效果就要从案例本身以及案例应用两个方面入手来解决以上问题。第一个方面要提高案例质量。整合学科与社会力量，建立一个科学、系统、全面的案例库。该案例库首先要涵盖所有旅游专业课程，并在每一个领域和知识点上做到数量充足，同时既要有单个知识点的案例也要有多个知识点的综合运用的案例。以便教师在实际应用当中能够拥有较大选择余地，从而提高针对性。案例在搜集、整理和归类以后还要进行适当的"再加工"，即将现实案例通过一定的改编，去掉不相关的内容，增加必要内容，使之更加适合课堂教学，提供可操作性。案例库除了要涵盖国际国内的典型案例，还要适当提供一些具有本土性的地方案例。这样会使学生更加有共鸣，更加容易接受和更加具有实践参考意义。案例库要做到适时更新，以跟上时代和专业发展的步伐。另外，案例库可以以网站或出版物等商业模式进行运作，以达到保证质量和可持续发展的目的。第二个方面要提高案例利用质量。首先为了使案例真正起到应有的作用，要根据培养目标和教学内容的不同，以及学生的特点和接受程度选择不同的案例。区分使用以理解和巩固某一知识点为主的案例和综合运用多个知识点的案例。前者类似于举例，后者可拓展为结合现实社会现状与实际问题的案例分析与讨论。

　　其次为了让学生有切身的参与感、真实感，使其能真正面对现实问题，并通过自己的独立思考和团队协调掌握如何周全地解决实际问题，案例教学的方法手段要多样化。课堂上的小组讨论、辩论比赛、角色扮演到课外的参观座谈，实践调研、项目策划等方式都可以尝试。另外，案例展示方式的多样性，如文字、图片、视频、演讲等也很重要。

再次为了提高每个学生的参与积极性及其在语言表达、思考创新、团队协作、应变与实践等能力，要将案例参与方面的成绩纳入总评成绩并加大比重。同时合理划分个人与小组成绩比重并鼓励和尽可能保证每个学生都有所展示，避免形成某几个人的个人展示。

最后为了提高一线教师利用案例的能力，要建立教师培训制度。除了以专题讲座、集中学习等形式使教师掌握科学的案例使用方法，还要让教师走出去，即让一线教师到景区，饭店，旅行社等进行实地调研，或直接在相关行业挂职。从而能够更好地深入理解案例，利用案例来理论联系实际，进行交叉与拓展。

旅游管理专业知识信息的碎片化，使得学生的知识结构庞杂而不精深。而走出"样样通、样样松"困境的出路是广博的知识面基础上的专攻以及综合运用和实践操作能力。也就是说旅游人才的知识结构应该是"T"字型结构，"T"字型的"I"主要是指纵向知识，指旅游专业理论和技术应用，而"T"字型的"↷"主要是指旅游专业理论和应用。而案例教学法能够对专业理论知识进行深度和广度的全面考虑，是实现"T"字型人才培养结构这一目标不可或缺的环节。

第五章 信息产业与信息市场

第一节 信息产业概论

20世纪八九十年代以来，信息经济在全球范围内发展壮大，信息经济的发展水平对国家的经济形势产生了至关重要的影响。由于信息技术可以低成本扩散，导致其边际收益及规模回报呈明显递增趋势，使得传统产业分化并与信息化融合，形成了信息产业，引起产业结构调整大变革。

一、信息经济概述

"信息经济"一词源于美国，它的提出，主要是强调信息经济是相对于"物质经济"而言的，"物质经济是现代社会有形的各种产品的生产、营销、及售后"。着力引导各行各业倾向于使用相对更多的信息因素，而减少实实在在的物质及能量消耗，最终制造出品质更佳、更能获得消费者青睐的产品经济。我国学者借鉴国外先进经验，根据我国国情及信息产业发展水平，也得出了信息经济的发展与产业结构及劳动力结构之间的变动关系等结论，并用于指导实际工作。

"信息产业"简单来说，就是"信息经济"在社会上实际应用形成的产业。信息产业在国民生产总值中所占比例迅猛提升，其相关就业人员数量及薪资水平也大幅提升，尤其是对年轻人吸引力最大。这也导致信息产业和传统产业的分支交叉融合，不能再简单地按以往明确切开，如信息产业和工业融合，形成高端制造，信息产业和服务业融合，形成智慧金融、理财等。所以，信息产业的范围需要再重新定义明确，其规模呈几何倍数不断膨胀增大，发展势头不可估量。在我国，信息产业也是沿着类似的轨迹发展，我们很快学习西方国家的先进技术，并在很多领域超越领先，如我国的智能支付等，普及率在全球都是领先的，目前在我国很多城市及乡村，大至企业间的结算，小至街头卖小吃等方方面面，都可以手机支付，出门不带现金也几乎不影响任何消费，这是非常大的变革。这些类似的现象引起国外经济学家的重视及警惕，无疑，在将来的全球经济竞争中，中国信息产业是一支生力军，必将孕育丰硕的成果。

二、信息产业的特征

首先是知识的高度密集性。传统产业的主要特点是能源消耗型或体力劳动密集型，而信息产业则主要靠专业技术人员的知识、经验、技能和思考。目前社会进步的重大创新大部分集中于信息产业，所以，信息产业将逐渐成为国家发展的最重要的战略产业，实质也就是高科技产业，它必将逐步取代传统的钢铁、石油等产业，成为经济发展的首要产业。另外，传统产业也将逐渐进行信息化，严格说，也将慢慢地成为信息产业的一部分。其次是信息产业的高效益性。由于信息产业的特殊性，它是以智力及资金为首要因素，决定了信息产业的高产出、高效益，如传送同数量的信息量，如果用铜缆需要一吨重，如果改用光纤，则只需十公斤，如此种种，差距非常巨大，在很多领域，带来的突破是不可预测的，因此经济效益也是非常可观的。最后是信息产业的高渗透性。高渗透性表现为信息产业部分融合到社会其他部门，成为产业服务行业，另外，信息产业中含有大量尚未完全独立的信息工作部门，其产出和其他部门融合，所以尽管其价值未计入信息产业，但无疑构成了国民生产总值的一部分，随着社会的进步，信息技术的发展，这部分的产值将会逐渐加大。

三、世界信息产业发展趋势分析

信息技术的迅猛发展，引发了产业革命，冲击和改变了传统的生活方式。随着各国信息化进程的加快，信息产业逐步成为各国的支柱产业，在社会经济中扮演着愈来愈重要的角色，成为新的经济增长点，并决定着社会经济的走向。1995 年全球信息产业产值约为5930 亿美元，1996 年猛增为 6880 亿美元。到千禧年之时，世界信息产业的产值达到新高度，一跃超过万亿美元，成为全球第一大产业。

鉴于信息产业的发展态势和它对国民经济及其他产业的巨大推动作用，各国都不遗余力，大力发展本国的信息产业，以免被这趟高速发展的时代列车甩落。2017 年，我国信息传输、软件和信息技术服务业增加值远远高于国民经济平均增速，在今后的发展环境中，实施"互联网＋"发展战略，互联网经济、数字经济等新经济无疑是推动高速增长的新引擎。

四、信息产业发展建议

（一）产业结构向信息产业倾斜

我国应坚定不移地大力发展信息产业，虽然在近些年，我国的信息产业发展取得了长足的进步，但与世界经济发达国家相比，还在很多方面处于劣势，尤其是软件及文化融合产业，我们要再接再厉，大力发展文化产业，如电影、动漫、教学产品企业，鼓励年轻人发挥个人想象空间，不拘一格创新发展，并且不断提高出口产品中信息技术含量，争取在世界经济中不断扩大自己的影响力。

（二）大力发展信息产业中的重点产业

在系统软件、数据库软件等大型软件方面，我国产品数量奇缺，需要以大量资金换取进口软件产品，而其出口国多卖一家几乎不需要增加任何资金成本，这是经济发展的绝对短板。因此，我们急需建设相关的软件园，引导社会资金加大投入，并净化市场环境，提高国人知识产权意识，完善法律环境，打击盗版行径，保护软件制作企业的利益。

（三）利用网络实现教育普及

信息经济的群众基础是大众的信息技术水平，鉴于我们人口大国的国情，高等教育尚没有普及，我们要积极探索各种教育模式，来提高整体的信息技术水平。一方面改变原来高等教育模式，另一方面，积极利用网络技术，通过 MOOC、公开课等多种形式，一起让更多群众接受高等教育，提高国民素质，低成本地解决我们人口大国的高等教育问题。

（四）建立风投机制

我国很多信息企业都在国外上市，尤其是互联网行业，如阿里巴巴、携程等，都依靠国外的风投资本发展，但又在其壮大后要从中攫取大量利润。因此，我国应大力发展风险投资机制，保护信息产业科研成果，加大资金投入，引导社会资金投向信息领域。

第二节　信息服务及管理

经过多年的努力，我局信息化应用得到长足发展。信息系统已经成为我局决策支持、客货运营销、调度指挥的重要工具。目前运行的信息系统主要有：客票系统、调度系统、三级建库系统、办公自动化系统、安全平台系统、其他专业信息系统等。作为支撑这些应用运行的底层平台小型机、服务器、网络日趋复杂多样。目前全局核心小型机多达百余套，主要机型是 IBM P 系列、HP SuperDome 系列、Oracle SPARC 系列，存储涉及 IBM、HP、EMC、HDS 等多家产品，网络设备涉及思科、华为、港湾，服务器、微机更是数以千计。随着应用范围的不断延伸，投入运营的软硬件系统更加庞大复杂。

一、信息运维部门面临的实际困难

信息系统项目投入生产之后，信息运维部门承担相关软硬件系统的所有监控维护责任。如何保障这些系统 24h 不间断稳定运行是对铁路运维保障部门一个重大挑战。分析我局实际情况，各信息运维部门普遍存在如下困难：

（一）故障管理过程不规范，故障处理效率不能保证

故障管理是对运行生产过程中发生的故障进行管理，这是信息运行维护部门日常工作

的重要内容，其主要工作包括故障报告、故障登记、故障解决、故障事后分析总结等过程。及时、规范处理故障是保证信息系统持续运行的首要条件。标准的故障管理规范要求对故障事件进行科学、量化分类，并设定事件的优先级。依据在铁路内部和外部签订相应的合同与服务级别协议，获得必要的资源和支持，及时解决突发事件和故障，减少因突发事件和故障导致的信息服务中断。

（二）缺乏运维知识积累，不利提高运维人员的知识能力

建立运维知识库是信息运维管理的一项重要的工作。信息运行维护人员在实际工作中经常会碰到曾经发生的类似故障和事件，这些故障和事件的解决方案无疑是一笔重要的财富。由于缺乏必要的工具，运维部门常常无法记录和共享这些宝贵知识。信息运维部门必须建立企业级别知识库管理机制，通过建立知识库框架、建立与变更管理、事件管理等流程的接口、梳理知识分类、定义持续改进机制等，使得知识管理融入运维日常工作中，持续提升信息运维部门知识质量。

（三）铁路计算机核心资源的监控

铁路计算机设备状态以及关键资源对生产系统的稳定运行起着重要作用。定期巡视各类设备状态、查看关键资源是铁路运维人员的首要工作。目前，主要依赖铁路运维人员定期查看被检查设备系统日志和资源使用状况，这种监控方式有很大的局限性：故障发现依赖运维人员的个人工作态度和工作能力、运维人员的劳动强度太大、间休期间不可能进行巡视和检查，期间发生的故障也就不可能发现和记录。

二、信息服务管理系统设计

信息服务管理系统以 ASG-SENTRY 为基础，以事件为驱动，从整体架构上，系统可以分为：监测数据采集与加工、异常事件报警、运维过程规范化管理 3 大部分。

数据采集与加工功能主要是将所有被监控系统的监控信息采集收集并写到预定义的信息交换数据库中。数据处理模块从交换数据库读取信息，进行分类、加工和整理，再写入目标数据库中。

异常事件报警模块从目标数据库中读取信息，根据事件影响的轻重程度，以不同颜色的文字信息等不同形式报警，提醒运维人员及时处理。运维人员随时通过 Web 浏览器查看监控信息，技术支持人员通过该平台接收查看故障描述，进行故障分析，故障处理结束后通过该平台反馈故障处理结果。

三、信息服务管理系统核心功能实现

上海铁路局信息服务管理系统已经实现功能包括：事件管理、值班管理、故障管理、知识库、文档管理、系统维护、统计输出等主要功能模块。系统采用 web 方式，用户通过浏览器完成全部操作功能。

（一）事件管理

事件管理是通过安装在被监控对象（小型机、服务器、微机等）设备上的信息采集插件或配置监控对象（网络设备），将被监控对象的监控数据主动发送到交换数据库中，信息服务管理系统数据加工模块将原始数据过滤加工并送到目标数据库中，信息服务管理系统 Web 服务器提取这些数据并对比相关字典，产生报警信息。该功能模块包含如下几项功能：报警事件查看与处理，报警信息历史查询。

（二）值班管理

我局信息运维部门大多实行倒班制，有三班倒或四班倒。运维人员需要记录值班期间发生的各类事项，确保各类信息系统相关事项可追溯跟踪。该功能模块包含以下几项功能：

值班人员交接班功能，由交班人员向接班人员报告当班期间发生的各类事项，核心内容包括上个班遗留的未结束故障及其处理结果、本班发生的故障及其处理结果、其他需要交接的其他重要事项等；

值班日志功能，记录和查询值班期间一些零碎事项，如重要部门通知、本班期间应急演练情况、新设备安装、旧设备报废等；

巡视记录功能，记录和查询值班人员的机房定期巡视信息，主要是对不能自动监控设备和系统进行人工监控和现场巡视。

（三）故障管理

故障管理主要是对信息系统运行过程中发生的各类软硬件故障处理过程进行规范化管理，确保发生的故障及时有效处理，保证各类信息系统持续稳定运行。故障处理模块包含以下各项功能，涵盖故障处理过程的每个环节：

故障登记对发生的故障进行登记，确保故障处理技术人员得到相关故障信息。故障登记内容包括故障现象、发生时间、负责故障处理的技术人员及其主管、故障通知的时间等。故障登记最后生成故障处理工单并分发相关技术人员。

故障通知是当故障需要多人员、多部门协作处理时，通知其他的技术人员及其主管，协调多部门共同处理。故障通知功能主要是为了提高故障处理效率，强化故障处理人员的合作和工效的考核。

技术支持是故障处理结束后，故障处理人员对本故障的故障原因以及故障处理过程进行分析总结，并反馈值班人员。值班人员开始结束故障过程。

故障结束是在故障处理完成，值班人员收到所有故障处理人员的故障原因及故障处理总结后，正式关闭故障的过程。

故障统计提供故障分类查询统计功能。值班人员可以根据故障发生的时间、故障报告单位、故障涉及项目、故障等级、故障责任部门等条件来统计故障，为相关决策、考核提供依据。

（四）知识库管理

知识库的主要内容是各类信息系统软硬件故障的成熟解决方案。知识库来源于以下途径：路内相同或类似信息系统已发生故障的成功处理经验、路外厂家提供的各类故障官方处理方案、个人提供且经检验为正确解决方案。信息服务管理系统实现以下功能：知识库录入、知识库变更、知识库审核、知识库检索、知识库删除等。

（五）文档管理

文档管理是信息运维管理一个组成部分，也是信息系统配置管理的一个重要组成部分。信息服务管理系统实现了文档常见的功能：文档上传、文档查阅、文档删除等。为了便于查阅故障分析文档，特别增加故障分析报告文档专栏。

（六）系统维护

系统维护主要是对信息服务管理系统本身进行管理，其主要功能有系统日志管理、用户及授权管理以及系统字典管理等。

（七）统计输出

统计输出模块主要包含值班日报表和历史报表输出功能。将电算站、路局值班日志及故障信息按照每天或指定时间段综合成报表输出，为相关领导提供参考。

信息运维监控系统实现关键计算机状态的自动监控，减轻了运维人员的工作强度，有效提高运维部门的工作效率；信息运维监控系统对运行生产过程中发生的故障进行管理，对故障提供相应的资源和技术支持，提高了信息系统故障处理效率；信息运维监控系统知识库收录技术人员各类故障处理的解决方案，通过共享管理机制，使知识管理融入运维日常工作中，持续提升运维部门的工作质量。

第三节　信息市场及管理

发展市场经济，建立社会主义市场经济体制，要求培育完整的市场体系。在我国市场经济的引导下，信息产业的发展推动了信息市场的不断发展和完善。信息不同于市场上的有形商品，它是知识型的商品，通过数据、语言等信号进行沟通。信息也具有某些有形产品的特性，可在有限的时间内进行多次买卖与流通。信息作为连接人们交流的纽带，发挥着越来越重要的作用。

信息产业作为一项朝阳产业，在我国经济市场上焕发着活力。作为人们交换关系的总和，信息市场在我国的商品经济达到一定程度后才会出现。目前，我国的商品发展规模还有很大的空间，信息市场中的相关政策与法律还不完善。因此，研究我国信息市场的管理模式具有重要的意义，有利于提高我国经济发展力，增强信息产业的稳固性。

一、信息市场管理的定义

管理，就是通过有效的方式和手段，依照已经确定的步骤来指挥某件事情，使人与物的各个方面都能协调运行。所谓信息市场管理，就是管理的主体以经济、法律、教育等强制及自愿的手段，对市场中的客体以及有关的信息交易活动进行有组织有计划的监督、协调。在对信息市场的管理过程中，不仅包括战略管理及商品本身的管理，也包括经营机构、市场价格、交易秩序和税收的管理。不仅要对信息的种类以及交易的内容进行控制，更要保证好信息的品质，注重信息所有人的产权保护和控制，赋予信息商品所有人所有权、转让权和使用权。

二、市场管理的重要意义和方法

在对信息这一特殊商品进行市场管理的过程中，通过有效的秩序让信息交流规范化、透明化，避免暗箱操作，有利于保证整体市场的透明性和稳定性。目前我国整体的信息市场尚未完善，某些交易以及相应的信息结构处于空白阶段，更要通过有效的管理来实现信息市场的规范化。

信息市场管理手段多种多样，有经济、法律、行政、教育等多种手段。

（1）经济手段。按照我国经济的客观发展规律，对信息市场进行各方面的控制，加强监督与监管，划分责任制。在市场中，多运用经济杠杆来对信息进行有效全面的控制。区分不同信息的一大特点就是价格高低，经济杠杆以价格、税收为基础，全面控制信息的品质。

（2）法律手段。法律手段及国家及相关部门运用强制性手段来管理信息市场中的不良行为。国家通过公职人员全面监督信息市场，比国家的立法为基础，调节经济关系，控制商品的交易过程。法律手段是具有强制性的手段，也是最为有效的手段。通过合理的，法律基础，为信息市场提供绿色的经济环境，保障合法信息的买卖交流。

（3）行政手段。行政手段就是国家通过相关的政策、条令规定等来干预信息市场的运行过程。通过行政手段可以随时随地的调整信息市场中的经济问题，总结市场规律，实现信息市场的又好又快发展。

（4）教育手段。教育手段是通过国家倡导、机构宣传等手段，通过社会舆论来倡导健康积极的信息处理模式。此手段注重人们自身的觉悟，通过监督管理的方式使人们自觉地遵守市场管理规范。

三、信息市场管理模式

管理的目的是为了维护信息市场的秩序，保障供方、需方、中介方的合法权益。在此种管理模式下，是利用相对具体的手段对市场进行有计划的协调与控制。我国正处于信息市场的初级阶段，相关法律法规并不完善，在研究人员研究理论的基础上，并没有进行过多的实践来真正确定最为有效的市场管理模式。本节通过信息的产生到消费的整个过程来阐述此种市场管理模式。

首先，信息创造者可以根据需求方的具体需求以及自己的开发决策来确定有效的信息，通过相应的指导计划与策略来区分商品。其次在信息传播过程中，货币与信息形成对等关系，中介在其中也起着相当重要的作用。它在分类信息的同时，也对信息进行整体的定价与评价，同时与其他需求方进行交换，形成一个完整的交易过程。国家对整个过程起监督作用，通过经济行政法律等相关手段来监督相关交易过程。在信息市场整体交易过程中，不仅需要国家通过强制手段保证市场的透明度，更要通过各方的专业素质及修养维护市场的稳定，促使信息市场健康、有力发展。

四、我国信息市场的发展策略

我国综合经济实力不断增强，社会化程度越来越高。在信息市场中为与其他发达国家接轨，必须形成独特的发展策略。在我国现阶段发展的基础上，解决市场中出现的基本问题，研究其他发达国家先进的运行模式，建立健全我国信息市场经营体制。

（1）建立健全信息经营管理机构，完善市场的立法，加强市场经营的管理

国家必须通过明文规定来规范信息市场的经营，以权威性的法律法规及文件规定制定合法的经营范围。国家未经允许的交易方式及合作内容不可进行交易，要保证信息的真实性与实效性。加大对虚假宣传信息的处罚力度，监督信息的质量与交易方式。

（2）培养高素质人才

信息市场作为一项正在发展的行业，具有很大的发展空间，国家应培养这方面的高素质人才，提高整体人员的综合素质与专业素养。在市场运行中，通过专门的人才来从管理、交易方式、法律、教育等各方面引领正确的市场运行手段，有利于形成积极向上的市场环境。

（3）充分利用经济学中的市场规律

信息市场的主体是市场，只不过交易的商品变成了信息。在对市场运行机制进行管理的过程中，可充分利用价值关系以及供求关系来调节市场经济。研究人员要通过市场中的实例来研究价值以及供求关系对整体市场的影响，确定信息市场独有的特征，力求在市场变动时做出最准确的调节方式。

（4）提供健康的发展环境

国家不仅要大力监管与严格要求市场运行机制，更要为信息市场提供有利的发展模式。信息作为潜在的资源与生产力，一定要明确信息对我国发展的重要性，形成积极向上的舆论环境，使人们重视信息市场，主动的开发信息市场。将信息转化为生产力，可大力促进我国信息市场运行机制的完善。

我国的基本国情和市场经济决定了我国信息市场的特殊性。目前，我国信息市场发展尚未完善，通过对其管理模式进行有效的研究，有利于建立健全信息市场发展体制，提出正确的信息发展方向。大数据时代的到来，更需要信息市场带动信息产业的发展，以信息的时效性带动规模效益。

第五节　管理信息系统案例教学探讨

管理信息系统是管理科学、数学、计算机科学的交叉学科，"具有综合性、边缘性、系统性等特点"。因而，由于学科特性，随着社会的发展，管理信息系统的新应用层出不穷、知识更新很快。教师讲课时，教材中的实例根本无法满足教学要求，演示软件太落后了。因此，需要探讨和完善管理信息系统课程的案例教学方法，以提高教学质量。

一、"案例—目的—建构"的教学方法

案例教学的目的在于帮助学生加深对 MIS 和企业战略之间关系的理解。通过精心编写的案例，可以引导学生更好地理解教学内容。因此，无论是 MIS 开发还是 MIS 应用，案例教学都是最重要的。

具体而言，管理信息系统案例教学有两个目的，一是帮助学生体会系统开发过程中面临的问题，二是帮助学生了解业务驱动的信息系统开发的重要意义。案例是围绕着目的的实现而设计，这两个目的，对管理信息系统的案例提出了一些要求。第一、案例是问题启发性的，而不是介绍描述性的。通过案例的引入，不是要解释某个概念、理论，而是要使学生明白管理信息系统开发和应用中存在的问题、可能的解决方案以及现实意义。对问题理解得越深刻，对解决方案的探索越深入，对其意义的理解也就越深入。偏离了目的，案例的价值就会大打折扣，甚至无助于教学目的的实现，认清案例教学的目标，是案例教学成功的基础。

在掌握管理信息系统案例素材及其案例教学特有目的后，需要构建与其目标相匹配的案例。案例不是天然生存的，需要经过加工、裁剪、拼接，才能构建出理想的案例。案例不完全是真实事实的再现，它来源于事实，但是可能部分事实，可也能是事实的部分，可能是独立的事实，也可能是不同事实的组合。案例的加工的目的只是为帮助学生更好地理解管理信息系统开发和应用过程中存在的问题及其解决之道。总之，案例是构建出来的。

二、案例的精选和设计

管理信息系统的运用非常广泛，故而案例来源也很多，但是，不是所有的案例都适用于教学，因此，需要对案例进行精心选择，使学生更能接受，更乐于接受。"特别是以学

校、企业、医院等为代表的行业，通过整合归纳以及简化相关行业背景和分析具体情况，形成实验可操作性较强的情境描述，并整理成文档"。这些行业背景的案例学生体会更直接一些。当然，也不是绝对的。管理信息系统课程开设的专业较多，不同专业的学生有不同的行业背景，最好将管理信息系统教学案例与其行业背景联系起来。

案例的设计要基于学生对现实问题的敏感。学生在学习的过程中，"通过提出一些针对性较强问题，由学生发挥主观能动性，进行发散性的选题。提示学生考虑一些贴近学习和生活的学生成绩管理问题、宿舍管理问题等。同时，尽量引导学生考虑一些能够接触到的当前成功管理模式"。案例设计要设计一些学生参与性的环节，使学生能参与到问题的解决过程中来，案例虽然以文档的形式出现，但是，学生应当能够在案例学习中获得模仿规划、分析、设计的机会，才能使学生的理解更深刻、才能使案例的价值最大化。案例的设计要主题鲜明、主旨明确。主题鲜明的案例所涉及的主要问题要单一，各要素之间的相互关系要指向同一问题。在现实案例中，往往各种问题交织在一起，错综复杂，不易为学生所掌握，故而需要对现实案例进行裁剪，使案例能集中反映某一问题。

三、案例的运用与更新

案例撰写完成后，如何科学地使用与维护，也是非常重要的。由于《管理信息系统》课程的特性，仅仅通过阅读与抽象分析很难让学生掌握案例的精华。案例地运用需要经过三个环节。第一是阅读。需要学生在课前已经熟读案例，对案例的具体内容掌握到位。第二是要分析和讨论，讨论案例集中体现的问题。讨论是学生和老师以平等的身份进行，大家各抒己见、畅所欲言。学生参与讨论并发表意见的过程就是充分理解和掌握的过程。第三是对问题提出解决方法，并且可以组织学生在机房实现自己的想法。《管理信息系统》课程的案例中出现的问题，是管理与编程相结合的问题。如果问题出现在管理上，那么相应的管理信息系统都会出现问题，对问题的纠正也需要通过对整个管理信息系统的完善来实现；如果只是出现在实现环节，也需要对管理信念系统进行完善。这可以要求学生提出解决方法，并把整个实现过程都表达出来。这是对学生创新能力的锻炼。

案例也需要不断积累与更新。该课程内容很多，涉及面广，需要大量的案例来充实。所以，案例的完善不是一个简单的过程，需要较长时间的积累，才能积累大量的案例。同时，也需要及时参与社会，才能获得足够的题材。由于社会发展的日新月异，管理信息系统地运用也不断升级，对案例的更新要求很高，所以，需要不断地搜集案例进行更新，才能保证学生接触到的时最前沿的问题。

第六章　信息系统管理

第一节　信息系统管理概述

在信息化时代发展背景下，通信技术手段更加多样化。在网络信息系统的作用下，人们的生活、工作发生了巨大变化。而无线移动网络、信息媒介及手机终端等先进技术、工具的出现，为大众的日常生活带来极大的便利。但大众在享受通信的快捷便利的同时，也面临着网络通信安全问题。要想使先进的信息系统与网络通信技术的应用优势得以充分发挥，就必须提升网络通信服务质量，保证运行服务的安全性与可靠性。基于此，本节在对信息系统管理工作内容进行简要阐述的基础上，分析了信息系统与网络通信存在的安全问题，最后重点探讨了信息系统管理与网络通信安全的优化对策。

一、信息系统管理的工作内容

一般而言，信息系统管理工作主要包含以下内容：

第一，在策略模型的作用下，确保信息安全管理质量。在网络通信中，策略模型对其安全与稳定运行产生着重要的影响，确保其对外界因素的抵御效果。从工作性质来看，根据信息类型的不同，将其归属于相应的信任区域中加以管理。

第二，通过建立防御机制，确保网络通信安全。从防御范围来看，防御机制主要针对信息系统内部隐患及信息系统外部攻击。在正常运行中，信息系统管理员之间通过不断交流与合作来共同抵御外界攻击，保证系统的安全运行。

第三，信息系统内部机构相互制约与协调。信息系统管理体系涉及系统管理员、审计员与安全管理员的工作，在相互协作与制约中，维持信息系统管理的顺利进行。

二、信息系统与网络通信存在的安全问题

（一）信息系统管理问题

信息系统管理问题对网络信息的安全传递产生着直接的影响。就当前而言，信息系统管理机构配比欠科学，过分关注信息系统软件与硬件的管理，而忽略了人员配备。当发生

网络通信安全问题时，未有效规范信息系统管理，使信息安全问题得不到妥善解决。另外，信息系统安全管理机制也存在一定的问题，对信息系统的安全性与便捷性产生不利影响，进而影响其应用价值的发挥。

（二）网络通信安全问题

网络通信安全问题的产生，从很大程度上受系统外部因素的影响。就当前而言，网络用户数量庞大，再加上用户的安全防护意识不强，如果系统防御入侵制度不健全，就很容易受到黑客的攻击，进而无法保证通信安全。另外，信息系统对于用户访问的控制不严，USB 设备在使用过程中容易导致计算机系统受到病毒的侵袭，木马程序窃取计算机内的重要数据与信息，进而导致用户个人信息的泄露。

三、信息系统管理与网络通信安全的优化对策

（一）加强内部监管

一方面，对硬件设施加强监管，完善主机系统、网络路由器、交换机设备、存储媒介、光缆线路、光盘工具及硬盘等硬件设施资料，避免因硬件设施问题对信息系统的正常运行产生不利影响。

另一方面，加强对局域网的监控与管理，保证信息系统服务的有效实施。通过动态跟踪，及时应对各类事件，在网络监视作用下，明确判断网络通信安全隐患，准确定位通信安全故障点，有效管控网络访问范畴。

（二）完善防火墙系统配置

在对防火墙系统工具的选择上，应选择可信度高的知名品牌，确保已获得权威机构认证，并已经通过专业测试。当前，网络系统环境复杂，病毒的入侵与传播速度非常快，仅仅依靠单机防病毒工具是无法保证全面预防网络病毒的。因此，针对网络通信系统内潜在的病毒攻击点，应加强对防控病毒软件的布设，完善防病毒体系，及时升级软件，为网络通信系统的安全运行提供保障。针对已受病毒侵袭的网络通信系统则应中断网络传播，对查杀病毒软件工具进行及时更新与调换，针对不同计算机病毒安装专门的处理软件，进而保证网络信息系统的安全运行，避免受到病毒的进一步侵袭。

（三）强化用户的安全防护意识

在信息系统的安全管理中，要想保证通信安全，就必须规范用户的操作行为，强化安全防护意识，具体而言，应从以下三点着手：

第一，强化用户的安全意识。加强对用户的网络安全教育与宣传，使其掌握更多的计算机网络安全知识，并能掌握基本的网络安全问题预防与处理方法。

第二，规范网络操作行为。在网络操作中，用户应注重对重要信息的密码设置，实施信息加密，对个人账户、信息进行保护，保证个人资料的私密性。

第三，提升计算机应用水平。加强对用户的计算机专业教育，使其正确掌握计算机的应用方法，提升计算机应用能力，进而保障网络通信安全。

当前社会正处于信息化时代的发展背景之下，网络通信行业不断发展，规模日益扩大，信息传输速度不断加快。可以说，当前信息应用传输已经进入全新的阶段，在为人们的生产生活带来极大便利的同时，也带来了一定的网络安全问题。为了保障人们的网络通信安全，必须加强信息系统管理，及时、有效地解决信息系统问题，提升系统运行质量，进而为用户创设良好、安全的网络通信环境。

第二节 信息系统工程

随着现代化信息技术的快速发展，计算机网络技术信息系统工程在我国煤炭产业应用得越来越普遍，为我国煤炭产业的发展提供了强有力的支持。本节对计算机网络工程与信息系统工程进行了深入的分析和探讨，从而保证其能够更好地服务于煤矿产业。

一、计算机网络信息系统工程的简要概述

现阶段，计算机网络信息系统工程仍然没有一个明确的概念，同时也没有一个完整的衡量评价标准体系。但是计算机网络信息系统工程包括管理体制、管理机构以及管理行为等方面的内容，因此计算机网络信息系统工程属于一个综合性的概念，并不是一个单独的软件系统，同时由于其对系统的质量标准有一个全面的体现，从而使计算机网络信息系统没有一个单纯意义上的定义。

由于在信息系统建设的过程中，人占据着主体的地位，因此信息系统质量也可以依据人的重要性分开发方、管理方、用户方3个方面来对计算机网络信息工程系统质量进行定义，其中开发方主要包括进行信息系统设计、开发的技术性人员，其主要是具有计算机信息软件方面的相关知识；管理方主要是对计算机网络信息系统进行相关的管理，以保证计算机网络信息系统的开发和稳定运行；用户方则主要是指系统的全部使用人员，这些使用人员决定着信息系统的质量需求。

二、煤矿产业中的计算机网络信息系统工程

（一）煤矿计算机网络信息系统工程实用性的标准

美国人因工程学会主要将信息系统可用性分为效率、记忆、学习、错误以及满意程度这五大属性。简言之，所谓可用性就是指效率快、成本低、出错率低及使用舒适。信息系

统的建设不仅提高了个人或者整体的工作效率，同时控制所需成本的增加。由于信息系统的最终使用者是人，因此在信息系统的设计过程中注意"以人为本"的设计理念，从使用者的需求出发，从而设计出简单易学的信息系统工程方案。出错率低主要是指在设计过程中符合人们普遍的使用习惯，从而能够最大限度降低使用者在使用过程中出错的可能性。舒适度主要是指使用者对信息系统的使用感受，通过使用者的反馈开展进行信息化建设。因此计算机网络信息工程的可用性标准主要是"以人为本"。

判断一个产品是否好用主要取决于这个产品的服务对象，不同的使用者有着不同的判断，因此在信息化系统建设过程中需要建设不同的可用性标准，这也是"以人为本"的集中体现。可用性工程的核心主要是以使用者为核心，在设计实施标准、方法以及标准等方面突出使用者的核心地位，从而能更加有效地对信息系统的可用性质量做出有效的评估，同时还可以弥补常规开发方法的不足。

（二）煤矿计算机网络信息系统工程质量控制原则

对于煤矿业来讲，为了能有效地提高信息化建设的成功率及实效性，就要在信息系统建设过程中注意质量的控制，要想在煤矿业的信息系统建设过程中实现控制质量的目标，就要遵循以下原则：①事先控制。对于煤矿行业而言，信息系统的建设具有高投入的特点，如果因为质量问题而影响工程的变更则会带来极大的投资浪费，同时还会造成工期拖延。因此，在建设煤矿计算机网络信息系统的过程中，要建立完善的质量控制标准，在系统的设计阶段通过对使用者需求的探讨，及时发现系统在分析过程和设计过程中的不足，并对其进行及时处理，从而在信息系统建设之前预防质量问题的出现，科学性地设计煤矿业计算机网络信息系统。②分阶段控制。煤矿业计算机网络信息系统的建设需要根据用户的具体需求进行深入考察，是一个不断创新的过程，具有显著的过程性，因此信息系统工程的质量控制应该分阶段进行。针对煤矿业计算机网络信息系统，其系统的集成商主要是以系统的整体质量为依据，形成各个工程阶段的质量目标，并且制定具体的质量控制措施，并通过各个阶段质量控制实现对系统整体质量控制的目标。③标准化控制。由于我国信息领域人员的不懈努力，使信息技术领域的相关标准已经大致形成，这些标准为我们建设高质量的信息系统提供了科学的依据。④符合用户的质量要求。由于用户是煤矿计算机网络信息系统的使用者，因此衡量信息系统质量一个最重要的指标就是对使用者需求的符合程度，信息系统的建设必须符合用户的使用习惯和使用需求。

计算机网络信息系统引入我国煤矿业后，不仅提高了煤矿业的工作效率，同时还增强了我国煤矿业在国际上的竞争力，为我国的国民经济发展提供了有力的支持。本节主要对煤矿业计算机网络信息系统进行了深入的分析和探讨，以期能为煤炭行业信息化建设的健康发展，提供借鉴和参考。

第三节　信息系统资源管理

自 2016 年 1 月至 2017 年 6 月，参加了 ×× 省 ×× 行业的商业管理信息系统建设，任命为项目经理。该项目为 ×× 省 ×× 行业商业核心业务系统，投资金额为 900 万元，工期一年零六个月。该系统主要功能包括：订单采集、CRM、货源管理、营销管理、物流配送、终端 APP 及决策分析。系统功能之多，若想顺利完成该系统的建设，项目团队至关重要；因为项目建设中所有的活动都是由人来完成的，因此在项目管理中，"人"的因素至关重要。如何充分发挥人的作用，使团队成员达到更好的绩效，对于项目管理者来说是不能忽视的任务。项目的人力资源管理就是有效地发挥每一位参与项目建设人员作用的过程。下面就该项目的建设，从规划人力资源管理、组建项目团队、建设项目团队和管理项目团队方面浅析信息系统项目的人力资源管理及做法和心得。

一、规划人力资源管理

项目的组织情况将直接影响到项目建设的结果，一个成功的项目必有一个好的紧密的组织作保障，该组织需要有统一的目标和统一的管理。如何做到项目组织的有力保障，制定一份良好的人力资源管理计划将是必要的前提。借鉴公司组织过程资产中建设内容类似且成功项目的人力资源管理计划，在此基础上，召开该项目的人力资源管理规划研讨会，确定该项目所需的专业技术人员，形成该项目的组织结构图，明确该项目的组织人员结构；将 WBS 和项目组织人员建立映射关系，明确项目组织人员的工作内容和职责，形成责任分配矩阵 RAM。

二、组建项目团队

作为项目经理，落实项目人员将是组建项目团队的重点工作。根据研讨会形成的结果，与公司的人力资源管理部门进行了充分地沟通，了解到公司资深程序员资源紧张，系统集成工程师暂无资源，其他方面人力资源充足。不满足的人力需求可通过面向社会公开招聘的形式进行引进，考虑人力成本及公司的可持续发展，经讨论和协商，资深程序员配置 3 名，面向社会公开招聘计算机、软件工程相关专业应届大学毕业生 6 名作为普通程序员，公开招聘 1 名工作经验丰富的系统集成工程师。人员招募到位后，项目团队正式形成。配置好资源日历，以电子表格的形式展现出项目每阶段需求的人员，将该文件以电子邮件的方式发送给项目组每一位成员，并进行了确认每位成员已查收和阅览。

三、建设项目团队

项目团队组建后，成员之间有的根本不熟悉，更不了解彼此的工作方式，为提高团队的协作能力、凝聚力及工作效率，召开项目组成立会议。会议的召开，不仅是使成员相互认识，更重要的是使每一位成员都清楚自己的工作岗位、内容和职责，公司的规章制度以及办事流程，提示每一位成员须团结一致，服从领导，共同完成项目的建设。

由于代码实现小组新进6名程序员，观察发现该小组的技术水平和能力严重的参差不齐，这势必将影响到项目的质量、工期和成本。针对新进的6名程序员开展为期一周的专项培训。通过培训，使这新进的6名程序员快速掌握代码编写规范及技巧，在最短的时间内胜任自己的岗位工作。

在日常的工作中，通过协作、奖励和认可的方法来创建富有生气和凝聚力的团队文化及工作氛围，以提高个人和团队的工作效率，振奋团队精神，促进合作；同时促进知识和经验的分享。在生活中，时常组织一些集体活动来促进团队成员之间的了解，增加团队成员之间的友谊，提高团队的凝聚力，激活活力，为项目的顺利开展夯实基础。

四、管理项目团队

在项目的建设过程中，如何有效地管理好项目团队非常的重要。对于该项目，主要通过绩效考核和加强沟通的方式进行。在项目建设后期，集成工程师在与××省××行业的信息系统基础平台集成时，出现基础平台信息调用失败，经过反复的多维度调试，仍不能成功，他将问题和责任隐含地指向质量保证人员，若日常的质量保证工作做好，不会出现集成时的卡壳，建议让质量保证人员认真检查系统。质量保证人员确认系统功能没有问题，是集成工程师技术水平有限造成，双方陷入僵局。作为项目负责人，此时需要主动出击，和他们进行一一交流，认真倾听他们各自对情况的述说及问题的考虑，充分掌握情况后，将两位拉到一起，从大局出发，为整个项目、整个团队，请他们先冷静下来，认真剖析前后利弊，让他们一定要通过全力合作来解决问题，不能互相指责和推诿，化分歧为共识，从碰撞中查找、分析问题。最后通过双方的共同努力，在××省××行业的信息系统基础平台供应商的协助下，很快锁定了问题的根源，并进行了彻底地解决，项目进度未受影响。

通过项目团队的共同努力，历时一年零六个月，在2017年6月份该系统顺利上线，圆满完成该项目的建设，并得到了双方单位一致的认可和好评。在取得一点点成绩和进步的同时，也要清楚地认识到自己还存在的短板，比如和团队成员的沟通还不够充分，聆听他们心声的时间给得还远远不够充足；有时管理有点教条化，不够机动灵活等；自己都将进行认真反思、总结经验教训，在今后的项目团队建设、管理中克服短板，以更高的要求和标准投入到下一个项目建设中去。

第四节　信息系统的典型应用

随着航空运输量持续快速增长，机场、空管等配套基础设施也在不断地建设和完善，先进的通信、导航、监视设备也被逐步广泛应用。管制综合信息系统是近年来空管局开发的新建系统，其采用刀框服务器和虚拟化网络技术将机场协同决策系统（Collaborative Decision Making，简称 CDM）、航班信息处理系统（Flight Information Process System，简称 FIPS）、塔台运行管理系统（Tower Operation Management System，简称 TOMS）等搭建在共用的硬件平台。管制综合信息系统的网络规模越来越大，管制工作对网络技术依赖日益增强，管制综合信息系统的网络信息的共享性和开放性给整个空管保障工作带来方便的同时，也存在着非常大的安全隐患。因此空管网络安全迎来了新的挑战，确保空管网络信息安全，保证空管网络信息系统的连续、可靠、正常运行才能保障民航航班安全正常飞行。该文将以海口本地情况为例，对管制综合信息系统因网络安全问题导致多台终端自动重启的典型故障案例进行分析。

一、管制综合信息系统简介

管制综合信息系统包含 FIPS 系统、TOMS 系统和 CDM 系统等子系统，三者共享硬件核心资源以及部分软件监控资源。

FIPS 系统主要为管制员提供实时的航班动态信息操作平台，可提供更完善、自动化程度更高的电报及航班信息处理、统计等功能。TOMS 系统以电子进程单为基础，集成自动化、场监、航班信息、气象等数据，实现全新数字化塔台管制模式，对机场范围航班从申请放行、地面滑行、跑道起飞到管制移交的航班飞行动态进行全过程管理。CDM 系统是一种基于资源共享和信息交互的多主体（空管、机场、航空公司等）联合协作运行的应用平台，用于建立公平、透明、高效的运行环境。其中 TOMS 系统和 CDM 系统以 FIPS 系统作为基础数据源，同步航班动态信息。

与海口管制综合信息系统存在互联的有自动转报系统、自动化系统、广州 CDM 系统、外联 CDM 系统、机坪移交等多套系统，系统之间虽然有部署天融信防火墙进行隔离，但仍然存在网络信息安全等隐患问题。

二、典型案例分析

在近几年的该系统运行过程中，运行状态稳定可靠，但也出现了一些典型问题，现对具有代表性的故障进行案例分析。

（一）异常事件现象

2018 年 11 月 30 日至 2018 年 12 月 15 日期间，海口管制综合信息系统多台终端先后出现了自动重启，异常终端涉及塔台、进近、区管等多个管制室，管制员观察到终端重启前弹出 "mssecsvc.exe 包含 Generic.adm 特洛伊，已成功删除" 和 "关键系统进程 lsass.exe 失败，现在必须重启计算机" 等信息窗口。

（二）异常事件影响

管制综合信息系统前台终端在重启期间，管制员无法使用前台终端，无法对飞行动态进行查看与更改，航班量大时对管制工作影响较大，但未造成管制方式的改变。

（三）异常事件分析

（1）经常查询自动重启的终端的 Windows 日志分析，发现异常的终端均有 "关键系统进程 C：\windows\system32\lsass.exe 失败，状态代码是 c0000374。现在必须重新启动计算机" 和 "文件 C：\windows\mssecsvc.exe 包含 Generic.adm 特洛伊，未确定的清理错误，OAS 拒绝访问并继续" 等错误报告。

（2）经查询本地 McAfee 服务器日志记录分析，发现之前多个终端出现 mssecsvc.exe 恶意软件，且已删除的记录。

根据以上两点信息，基本确认管制综合信息系统感染了 "Wannacry 永恒之蓝" 病毒，其利用此前披露的 Windows SMB 服务漏洞（对应微软漏洞公告：MS17-010）攻击手段，向终端用户进行渗透传播。

（四）异常事件处理经过

（1）在基本确认管制综合信息系统感染了永恒之蓝病毒后，通报中南网络中心获取技术支持。通过中南网络中心下发的最新的永恒之蓝补丁，对管制综合信息系统终端主机逐台打补丁和全盘扫描查杀，并且手动关闭了 445 端口。

（2）协调管制运行部禁用了塔台、进近及站调终端 USB 接口，仅留背面左边两个接口作为鼠标键盘使用，切断了因违规使用 USB 接口导致传播病毒的可能性。

（3）为了彻底清除隐患，协调广州光天科技有限公司工程师上门部署一台旁路的 "深度威胁发现设备" 进行病毒检测。发现管制综合信息系统多台终端和 Vcenter 等虚拟机仍然有病毒感染及高度危险的网络访问事件。

值班人员在中南网络中心工程师及广州光天科技有限公司工程师协助下对异常的虚拟机的操作系统进行了相应的操作系统升级和打补丁，并安装了 Mcafee 防病毒软件并全盘杀毒。

（4）"深度威胁发现设备" 上线 2d 后检测到 33.11 和 33.12 两台机坪移交系统终端存在高度危险的网络访问事件，协调广州网络中心对异常的终端打补丁，并且在管综和机坪移交的防火墙上均修改了策略配置和关闭空闲端口。

通过采取以上处理措施后，有效地解决了感染病毒的问题。并且经过一段时间的观察，管制综合信息系统未发现有威胁事件的存在。

（五）异常事件经验总结

针对此次案例无论是从业务能力和管理上还是设备配置问题上有都一定的经验教训。

（1）异常事件的处理过程中暴露了值班人员业务能力存在短板的情况，导致问题的处理不够及时有效，应加强人员业务能力培训，提高业务水平。

（2）管理上，应继续加强落实管制综合信息系统的管理主体责任，持续对风险进行管控，进一步完善设备巡视维护内容，对于设备存在的问题做到早发现早处理，确保系统运行平稳。

（3）管制综合信息系统作为信息安全等级保护三级系统，在等保测评中发现的网络安全问题应加快推进整改工作，进一步稳固系统保障防护能力。

随着民航事业的飞速发展，空管系统的设备会越来越多，设备结构越来越复杂，管制综合信息系统将传统的多套系统集成一体，节省了大量的硬件资源和人工成本，是空管设备不断发展的体现，同时对运维人员的业务水平要求也越来越高，运维人员应加强自身业务能力的提升，面对设备问题时能及时启动应急处置措施，有效解决问题，将因设备问题对管制工作的影响降到最低，从而为管制提供可靠稳定的服务。

第七章　知识管理

第一节　知识管理概述

在现代社会中，知识成为新型经济的首要资源，对知识的管理成为当今世界许多国家、地区和组织关心和研究的主题并加以践行，对于采用知识管理来建立竞争优势的企业而言，能否有效的实施知识管理变革就显得尤为重要。

有效实施知识管理必须对组织进行变革并实施变革管理战略。一旦管理者理解了约束力和变革管理难题，就可以选择多种方式来管理变革的抵触行为。具体方法有：教育和说服；参与投入；促进和支持；谈判和协商；操纵和限制；强制。为了成功地实施知识管理，鼓励知识分享行为，组织承诺应被视为重要资产。基于知识的组织依赖员工的承诺和思想，公平的过程在其中扮演着重要的角色，影响着员工取得更有绩效的态度和行为。

变革管理战略成功的核心要素之一是通过培训和发展来获得变革中所需要的教育、指导和支持。培训是一个预先计划好的协助员工通过学习改变态度、知识和技术行为的过程。发展是一个长期的过程，与员工的成熟度相关。发展可以看作一个过程，以某种程度上的混乱和参差不齐开始，经过跌宕起伏之后达到一个新的理解高度。过程结束时，员工已经在这一过程中得到了渐变。组织需要采取注重结果的培训和发展方式：正式的方法将既定的培训和发展计划与绩效评估、事业规划过程相结合；注重结果的方法将培训和发展活动与组织目标、可持续学习相结合。同时，人力资源政策与实践以及员工绩效评估都采用系统培训周期方法，一个完整的培训周期包括：识别培训需求，设计培训方案，实施培训方案和评估效果等四个环节。培训需求需要与组织目标、现状、岗位层次和员工层次等紧密结合。在变革管理规划中，有许多分析技术可以用来识别员工个人和岗位层次的培训需求：所有岗位任务的综合分析；针对核心业务的关键任务分析；中心问题分析；阶段和关键点分析；手工技能分析；事故分析；危机事件分析；岗位学习分析。当培训需求确定后，即可根据需求制定多种战略和干预措施作为培训方案。培训措施的适用性是由其如何满足组织目标来决定的，学习转移的可能性依赖于组织环境、可用的资源以及与学习者相关的因素，比如学习方式等。另外，员工评估是评价培训效果的一种重要方法，受训者和直线经理可以讨论培训干预的效力以及如何影响员工的个人绩效。

实施有效的知识管理变革应让员工积极参与。许多组织都存在从控制向承诺的转型的问题，赢得支持和承诺的最重要因素是员工参与。员工参与实践与组织的管理水平及对劳动力的控制相关，但实际上，员工参与实践的过程可能会有交叉，并且随环境压力的变化而不断地变化。

奖励和表彰方案是知识管理变革得以实施的重要工具，可以用来提高工作积极性，获得员工的支持。奖励和表彰方案背后的假设是员工的参与和努力可以给组织带来良好的绩效。这种绩效应该得到奖励，以提高员工的满意度。奖励可以将员工薪激励方案、员工福利和表彰相结合。目前有四种常用的激励方案：由成果决定个人收入；由成果决定集体收入；集体奖金方案；与绩效相关的报酬。另外，员工福利有助于提高员工对知识管理和变革的积极性和承诺。员工重视的且与绩效和目标实现相关的利益都可看作福利。福利比较灵活，经常被称作"自助式福利"，员工可从一系列奖励方案中选择适合自己的福利组合。最后，组织可利用表彰计划来认可并表彰知识管理和变革过程中的高绩效员工。

知识管理变革的有效实施离不开文化变革管理。组织文化关注的是潜在的价值观和假设，它们能影响普遍的行为规范。对于文化变革管理主要有两个驱动因素：领导力和人力资源干预。领导力和高层管理者的支持是文化变革的关键因素。领导者的个人行为可对员工产生极大的影响。他们依靠持续的、频繁的和标志性的行为来增强变革信念。标志性行为包括他们利用时间的独特方式，首席执行官宣布组织新的发展方向以及讲故事和叙事的方式会增进员工的理解还可以将特定的主题不断地安排到会议的议程中，提醒员工什么是领导者所重视的。另外，领导者可以使用各种仪式来推动文化变革。仪式是经过组织和计划的一系列活动。现有的仪式需要得到修改，以便为组织注入新的价值观。一种有风险的方法是创建新的形式来为组织注入新的信念和价值观。例如，招聘、选拔和就职等仪式从注重合法、机会平等转向价值差异化。可以通过强化仪式，采用上述奖励方案对员工采取与新价值观相符的行为给予奖励。领导者可使用弱化仪式来阻止员工抵制变革过程。最后，领导者可采用综合的仪式，通过一些娱乐活动诸如酒会、跳舞和野餐等方式来增强团队的凝聚力。除此以外，还有其他一些人力资源干预行为可用来强化期望的行为规范、信念和价值观，其最终的目标是让所有的人力资源规划适用始终如一的方法来确保发送始终如一的信号，从而实现期望的文化状态。

员工通过组织政治来抵制和影响变革过程，特别是当变革未按员工所期望的方向推进时，所以应对组织中的政治进行变革，常用的方法是"优势联盟"。高层管理者的联盟能对决策和资源配置产生相当大的影响，他们决定组织的方向和关注点，而且联盟是动态的，会因外部市场、社会关系和内部政治的变化而表现出不稳定性。另外下列措施和手段诸如选择使用绩效评估标准来提高可信度、通过外部咨询来支撑观点、控制例会的议程、建立内部联盟、实施晋升计划、控制信息访问和关键决策者等来实现政治变革。

第二节 知识管理战略与策略

知识管理战略（Knowledge Management Strategy，KMS）是由企业知识管理和战略管理发展而来，在知识经济与信息经济时代的今天，知识管理战略已经成为学术界和企业界共同关注的焦点。随着不同时期企业知识管理战略实践在组织中的发展，其内涵也具有了时代特色。知识管理战略内涵研究由来已久，在以环境视角、过程视角、产业结构分析视角、资源观视角、知识观视角研究的不同时期，由于学者们的研究观点及视角不同，以及不同阶段的侧重点不同，致使知识管理战略不能得到一个统一的定义。本节在诸多前人的研究基础上，结合自身的认知，试图对知识管理战略内涵做出一个全新的解释。另外，在对知识管理内涵进行层次归类梳理的同时，也对知识管理战略典型类型进行了分层划分及介绍，以期探寻知识管理战略内涵及类型存在的联系，加深对二者的认识。

一、知识管理战略内涵及类型

（一）知识管理战略的内涵分析

一直以来人们对知识管理战略的定义都存在着分歧。由于研究视角的多样性和复杂性，导致了知识管理战略实质内涵的丰富性，很难达成令大家一致认同的定义，其理论研究仍然没有取得突破性进展。本节主要从资源观和知识利用及创新的角度，并借鉴詹越对知识管理战略定义的归类，从战略观、规划观和过程观三个层面，对国内外学者关于知识管理战略概念研究的一些具有代表性的定义进行聚类.

（1）战略观。战略观是知识组织的基础性资源，强调管理知识资源的战略、方法以及手段。Seeley 和 Dietrick 从知识管理的方法及手段方面提出知识管理战略是通过组织成员的知识存储、知识获取和知识创新获取竞争优势。但更多的学者是综合了知识资源观、战略观、知识管理方法及手段等方面对知识管理战略内涵做出界定。比如，Zack 认为知识管理战略是在知识经济背景下以企业内外部的知识作为最重要的资源进行管理的一系列战略、策略和管理方法的集成，其目的是提高组织的知识创新能力，形成和保持企业的核心竞争力并最终实现企业价值。

（2）规划观。规划观侧重于对知识资源管理的规划和计划。詹越（2009）拓展了明兹伯格的"5P 模型"，从多个角度（目的、对象、内容）对现有知识管理战略概念加以整合并形成了知识管理战略比较全面的概念模型，即组织通过知识创新、组织创新，以达到塑造组织核心竞争力和获取竞争优势的目的，并对知识及知识管理活动进行决策性规划以促进组织战略目标的实现，具体内容包括对战略观念、类型、模式和实施策略等的知识管理战略要素进行的选择和设计。

（3）过程观。过程观则是通过全面的变化过程和组织变革的知识管理活动以达到组织创新的目的。Cohen 和 Huang 基于资源观视角认为知识管理战略是通过新的知识创造、传播和应用的一种全面的变化过程和组织变革形式，它的目的是实现组织创新并获取或维持组织竞争优势。

综观国内外学者对知识管理战略内涵的不同界定，可以发现一个共同的认知是：知识管理战略的最终目标是获取或维持组织的竞争优势以及实现企业价值，其研究对象主要是组织的核心资源、知识及其相关管理活动等。

基于以上认识，本节认为知识管理战略是指组织为了在复杂的市场竞争环境中充分整合与规划组织内外部优势知识资源或关键知识要素，以获取组织整体运营绩效最优和持续竞争优势或地位的组织目标，通过知识管理、知识创新和组织创新等一系列现代化信息技术手段实现企业价值。

（二）知识管理战略类型概述

关于知识管理战略的类型，国内外学者根据知识内涵、知识利用或获取方式、企业知识特点及需求、知识管理态度等作为分类依据，并做了大量的研究工作。由于国内外学者对知识管理战略分类视角的不同而产生了多种知识管理战略类型的情况，为了让知识管理战略类型的研究进程有一个清晰的脉络展现在读者面前，结合知识管理战略定义并依据姚先国、胡玮玮知识管理战略类型的划分方式对国内外知识管理战略类型进行纵向归聚。

（1）战略层。战略层将知识视为组织的基础性资源并把知识战略作为组织总体战略，因此企业总体战略取决于知识管理战略。March 与 Zack 从知识使用的角度将知识管理战略分为知识创造战略（Exploration）和知识利用战略（Exploitation）；Bierly 和 Chakrbarti（1996）从知识来源及学习新知识的速度方面将知识管理战略划分为内部学习（Internal Learning）、外部学习（External learning）、激进式（Radical）学习和渐进式（Incremental）学习；Wiig（1997）从企业战略及其自身需求出发，将知识管理战略归为商务战略中的知识战略、智力资本管理战略、个人化知识资产责任战略、知识创造战略、知识传递战略；Zack 依据企业竞争策略态度倾向，将知识管理战略分为积极战略和保守战略；Earl 依据知识管理过程及结果把知识管理战略分为知识基础战略、知识地图战略、知识流战略、知识资产战略、知识共享战略、知识交流战略、知识能力战略；同样，也有学者从知识的构成和获取方式上把知识管理战略划分为自主知识创新战略、自主知识获取战略、合作知识创新战略、合作知识获取战略。

（2）战术层。战术层是组织为了持续改善管理而将知识管理视为加强战略管理的工具。Hansen 最先提出知识管理战略概念，他认为编码化战略（Codification Strategy）和人际化战略（Personalization Strategy）是组织实施知识管理并完成知识管理活动的重要手段。Swan 等从信息的传输、记录方式和交流分享形式的角度认为知识管理战略分为认知战略（Cognitive）和分享战略（Community）两种。Choi 和 Lee（2003）在 Bierly、

Zack、Hansen、Swan 等人的基础上，以企业对外显导向知识管理和内隐导向知识管理的倾向，把知识管理战略分为系统导向、动态、员工导向和被动四种知识管理战略。另外，他们还根据知识编码化以及知识在人际间交流的差异，把知识管理战略分为系统导向（systemoriented）、人文导向（human-oriented）以及动态性（dynamic style）三种知识管理战略模式。Choi et al.（2008）根据知识管理战略之间的非互补、非对称互补和非关键对称互补三种关系，把知识管理战略分为：外显导向战略、内隐导向战略、外部导向战略和内部导向战略。

（3）业务层。业务层是为了加强主导业务的职能而将知识管理看作企业总体战略下执行主导业务的方法。Schulz 和 Jobe 通过对美国和丹麦跨国公司的研究认为，知识管理战略应该分为编码化战略、内隐化战略（Tacitness）、聚焦战略（Focused）、非聚焦战略（Unfocused），同时发现聚焦战略明显优于其他三种知识管理战略。Garavelli et al.（2004）从适应外部环境的角度将知识管理战略分为知识市场（Knowledge Market）和知识社团（Knowledge community）。Percin（2010）整合了系统导向知识管理战略和人文导向知识管理战略的概念，提出了另外一种新的知识管理战略即动态知识管理战略。Choe 结合人际化知识管理战略和编码化知识管理战略并对它们进行集成，提出了组合知识管理战略。徐漪以 Hansen 和 Tierney 等人的知识管理战略分类准则为依据，把知识管理战略分为四类，即保守系统化战略、保守人际化战略，积极系统化战略和积极人际化战略。

从上述介绍中我们不难发现，对于知识管理战略分类的研究已经由单一维度转向了两个维度相结合的组合式研究；编码化战略和人际化战略是国内外学者在研究中普遍认同且最常使用的基于知识内涵的知识管理战略类型。

（三）知识管理战略内涵与类型的关联

知识管理战略内涵及类型的划分逻辑均是遵循从宏观到微观、从概括到具体、从指导思想到实操的路径，将二者分为三个层次类型。另外，二者的划分依据均是基于资源观、知识观及其应用手段、态度等做出具体分类，因此，二者相互之间存在内涵上的相似性。知识管理战略内涵是基于组织不同管理层面、不同执行部门业务特点的解释和界定，而知识管理战略类型是基于组织具体业务的指导性思想，前者对后者具有指导作用，后者对前者理论的丰富具有支撑作用，二者的研究对象有所差异。

二、研究结论及成果

本节从战略观、规划观、过程观和战略层、战术层、业务层分别对知识管理战略内涵及类型特征进行了分层划分及概述，得出了以下结论及成果。

（1）知识管理战略的最终目标是获取或维持组织的竞争优势以及实现企业价值，其研究对象主要是组织的核心资源、知识及其相关管理活动等。

（2）知识管理战略是指组织为了在复杂的市场竞争环境中充分整合与规划组织内外部优势知识资源或关键知识要素，以获取组织整体运营绩效最优和持续竞争优势或地位的组织目标，通过知识管理、知识创新和组织创新等一系列现代化信息技术手段实现企业价值。

（3）知识管理战略类型的研究已经由单一维度转向了两个维度相结合的组合式研究；编码化战略和人际化战略仍然是国内外学者在研究中普遍认同且最常使用的基于知识内涵的知识管理战略类型。

（4）知识管理战略内涵及定义的三个不同层次的划分存在逻辑上的一致性、内涵上的相似性，研究内容的差异性以及对应层次上一一对应关系。

第三节　知识管理系统

知识管理（Knowledge Management，KM）是涉及人、知识管理技术和组织的一种管理思想与方法，组织可以通过知识管理实现知识创新，提高竞争力。知识管理系统（Knowledge Management System，KMS）作为 KM 的核心工具，其是以信息技术为手段，为实现知识管理的人机结合的软件系统，其总体目标是整合各种知识资源，以促进知识创新，提高组织的核心竞争力，与 KM 的执行效率直接相关。国外有关知识管理系统的研究已经日益完善，研究的焦点逐渐从理念的认识转移到实际应用方向，与此同时，国内在这方面也取得了一定的成果。

一、研究重点与发展历程

（一）知识管理系统的模型

国内外学者从不同角度构建 KMS 模型，理论上这些模型都可以进行有效的知识管理，但缺乏具体的技术支持，所以模型是否已在组织中实施尚不明确。

（1）基于特性的 KMS 模型。KMS 是一个复杂，多功能多元化的系统，从不同角度看，其拥有不同的特性。从系统角度看，KMS 是组织内部与外部的交互；从组织角度来说，KMS 包括业务流程与组织内部文化与制度。如李艳刚提出的"房屋"状模型包括 7 个部分——战略层、PSCA 闭环、核心业务流程、信息技术、保障层和巩固层、与评估机制结合的反馈窗口和企业文化建设，这 7 个部分体现了 KMS 的不同特点，从而能找到不同的建设方法，进一步提升 KMS 的效率。

（2）基于价值链的 KMS 模型。知识管理是企业创造价值的活动，基于价值链的模型，不仅考察了每个阶段 KMS 对知识价值的影响，也表现了从知识获取到价值创造的过程。熊学兵考虑了企业知识管理的 5 个过程——知识获取、知识转移、知识共享、知识创新和知识应用以及与知识管理过程相关的因素——愿景、战略、组织、文化,人力资源、技术和社会关系,构建了基于价值链的 KMS 模型并探讨其运作机理,该研究对于提高知识管理绩效水平提供了一个全新的方向。

（3）基于流程的 KMS 模型。李玲鞠将知识管理系统引入工业设计中,构建以业务流程为基础的工业设计知识管理系统的概念模型,并明确了知识收集与存储、知识检索、知识推送以及知识安全管理四个核心功能,为一些工业设计公司进行知识管理提供了良好的借鉴。

（二）知识管理系统的设计

由于信息技术的发展,系统设计的方式也变得多样。KMS 的系统设计重点突出了系统采用的核心技术。

（1）基于多 Agent 技术。以单 Agent 的研究思路已经完成应用的任务,而多 Agent 系统具有良好的分布性、可维护性、协作性、灵活性、鲁棒性和可扩展性,能够解决许多复杂的动态分布式问题,构建一个开放灵活的系统。

（2）基于 Web2.0。以 Web2.0 平台上的人为核心,通过交流与共享促进知识流动,形成一个动态发展的知识网络。研究学者采用开源工具,阐述了基于 Web2.0 的 KMS 的具体实现方法和核心技术。陈劲等人为解决管理系统中隐性知识显性化,以此为基础,构建了四层架构的知识管理系统,该研究有效地弥补了现有 KMS 的不足。

（3）基于 Exchange。Exchang 2000 Server 是由微软提供的,用来可以解决 KMS 问题。谢陆宁利用 Exchange 软件构建企业知识管理系统,包括知识桌面层、知识服务层和知识系统服务层这三层体系,实现了知识管理体系及技术设计的创新。

（三）知识管理系统的应用

知识作为整个社会的公共资源,KMS 不再局限于企业,近些年来也逐渐渗透到高校、政府部门之中,相信在不久的将来,KMS 定会延伸到社会各个层面。

（1）KMS 在企业中的应用。企业知识管理系统是信息社会中企业立足和实现盈利的重要保障。所以企业 KMS 是研究者关注的重点与热点,而且研究者对于这方面的研究已经有了很大转变。主要体现在三个方面,第一,从实体组织变成网络虚拟组织;第二,从单一的 KMS 到与其他信息管理软件如 EIP 的相互融合;第三,从宏观到微观,探讨制造业、证券业等不同行业 KMS 的应用。

（2）KMS 在政府部门中的应用。政府知识管理主要是充分利用信息与通信技术,构建先进的电子政务系统,发掘政府内部的固有知识,实现知识共享,以此来提高政府工作效率以及公众对政府服务的满意程度。目前国内有关政府知识管理的成果还较少,主要局限于在电子政务领域。马东升就政府的作用将政府 KMS 设计为五层体系结构——用户层、知识门户层、协调层、业务层和知识源层,对于提升政府职能有极大的促进作用。

（3）KMS 在高校中的应用。高校作为知识密集型组织，担负着为国家培养信息化时代所需要的现代化、高水平人才的重要责任。在高校中建立 KMS，不仅顺应知识经济时代的潮流，同时也是提高高校综合能力的有效措施和手段。李翔坤从功能的角度提出了一种适用于高校知识管理的系统模型和体系结构，并对高校知识管理系统中的一些关键技术进行了研究。还有不少学者着眼于高校的图书馆知识管理系统，综合各方面特征设计图书馆知识管理系统。

（四）知识管理系统的评价

鉴于构建的知识管理系统是否可行，许多研究者根据知识管理系统特点设计了评价指标体系，并在此基础上提出了一些综合了层次分析法（AHP）和模糊综合评价法的系统评价方法，来帮助组织绩效考评，提升组织的工作效率。计国君就通过建立一种合理的量化评估体系来解决高校中知识管理的效能大小问题，从三个角度近期、中期和长期目标对图书馆 KMS 进行评价。王君从社会技术视角出发，综合考虑了系统功能、系统性能等硬件基础和 KMS 的环境、人性化、系统成本这三个方面评价了 KMS 的软件支持，建立了一套比较完善的 KMS 评价指标体系。刘潇等人提出并设计了 RSTOPSIS 的 KMS 选型评价策略与方法。如今，不断有人从不同角度设计新的评价方法，这也间接地促进了 KMS 的发展。

二、研究不足

国内学者已在 KMS 建模、系统设计、应用和评价等领域都取得了一定成果，但仍有以下的不足之处：

（1）目前 KMS 模型要么就是纯理论，要么就向技术偏离，淡化理论。这很可能导致模型无法运用到现实之中或者实现后的系统无法正常运转。

（2）现阶段的 KMS 的开发和设计比较单一。大多数研究者都是在前人已经运用过的技术的基础上进行系统设计，而不能有所创新，运用新技术开发系统。此外开发的系统还存在不适用性和不完整性。

（3）KMS 评价体系必须尽快建立。评价指标必须能够全方面地反映 KMS 的功能并且能够测量，学者们应该充分借鉴前人研究中的评价指标，针对不同行业的特点设置对应的评价指标，建立一个有针对性的、可量化的指标体系。

三、研究趋势与展望

KMS 与企业、政府、高校以及其他组织的发展紧密联系，随着全球经济一体化与知识经济的变革，KMS 扮演着愈加重要的角色，所以 KMS 的内容需要不断更新换代，才能保持持久的活力。这就要求研究学者对 KMS 的研究更加全面化和系统化。

第四节　人力资源规划对知识管理的推动作用
——基于微软公司的案例研究

一个组织要进行有效的知识管理，关键在于明确知识管理所涉及的所有组织层面和所有部门，建立起系统的知识管理组织体系。这不仅需要信息技术部门为知识管理提供技术支撑，还需要人力资源部门在组织发展战略的指导下通过实现人力资源管理活动的有序化，调动员工的积极性和创造性为组织提供源源不断的组织知识资本。同时，知识包括显性知识和隐性知识，显性知识比较容易被编码或传播，而隐性知识是个性化、经验化的知识，不易被共享或传播。正是由于隐性知识一般与认知个体无法分离，因此如何减少员工隐性知识的流失，如何更有效地推动员工之间隐性知识的共享都与组织的人力资源规划密切相关。目前，有关人力资源规划对知识管理推动作用的研究还相对较少。在对人力资源规划以及知识管理相关理论进行阐述的基础上，以微软公司为案例研究对象，分析出人力资源规划如何在实践应用中推动组织知识管理的发展。

一、基础理论框架

（一）人力资源规划的概念

人力资源规划是人力资源管理工作的一个重要职能，是指在组织目标的指引下，按照组织战略规划的要求，对组织人力资源数量、质量以及结构的规划。组织人力资源规划的具体内容主要涵盖三个方面：在数量方面，通过分析组织人力资源的发展现状以及外部环境的变化，预测组织人力资源的供求差异，并及时采取措施进行调节；在质量方面，通过引进高技能人才以及制定人才培养计划等方式，提高组织员工的知识技能水平和综合素质，在实现员工个人价值的同时为组织发展提供支持。在结构方面，基于对员工个人能力、特定技能和知识结构的分析，研究组织机构人员搭配是否合理高效，保证人力资源目标与组织目标的和谐统一。人力资源规划的总目标是以综合人力资源的各种信息为基础，通过平衡人力资源的需求与供给、保质保量的供应人力资源，实现组织资源的优化配置并为组织持续发展提供支持。

（二）知识管理的相关理论

1. 知识管理的基本流程

知识管理是指组织为了谋求可持续的竞争优势，利用知识信息化挖掘知识资源，整理和存储知识形成知识资产，并通过传递、分享、利用和创造知识实现知识价值化。依据知识管理的基本概念，可以将知识管理的基本流程划分为：知识获取、知识存储、知识转移、知识应用和知识创造。

　　组织可以充分利用各种工具和手段，通过对知识获取、知识存储、知识转移、知识应用和知识创造的高度整合，形成围绕知识投入—知识转化—知识创新的无限循环过程，在全面推进知识管理实施的基础上提高组织的应变能力和创新能力。

2. 知识流失的基础理论

　　知识流失通常是指因为组织规模发生变化或者组织内部人力资源发生变动而引起的某些专业技能或者其他知识资源的缺失。员工作为知识的载体，是知识转移和知识创造的内生力量，因此也是组织知识管理的关键因素之一。当组织由于经营状况不佳进行裁员或者员工出于自身原因选择辞职或者退休时，就会导致某项关键技术、某些关键项目、某种关键人际关系伴随着这些关键人员的离职而流失。人事变动所产生的知识流失一般是员工在工作中积累的专业技能、解决问题的能力以及经验等隐性知识的流失，而隐性知识往往是组织最有价值的财富，因此这些关键知识的流失会在一定程度上造成组织办事效率降低、投资成本增加、发展速度减缓等问题。知识流失是一个系统性的问题，组织需要制定出综合性的解决方案并通过不断完善人力资源规划来减少组织知识外流，进而维护组织的核心竞争优势。

二、微软人力资源规划对知识管理的推动机理分析

（一）微软人才培训开发计划以及创新激励措施如何推动知识管理

　　微软公司的总部位于美国，是一家以研发、制造、授权和提供广泛的电脑软件服务业务为主的跨国科技公司。由于其所处竞争领域中产品更新换代速度极快，促使其不得不制定出高效的人力资源规划为其提供源源不断的高层次人才。基于组织的经营业务战略导向，微软公司制定出了与组织文化相适应、与组织目标和谐统一的人力资源规划，不仅保证了适时、适量、适质的为公司发展提供所需的各类人力资源，还通过具体的人力资本分析、人才培养开发计划、创新激励措施有效地推动了组织的知识管理，使组织知识资本不断增加。目前，高智商、强能力的员工以及高效率的知识管理都已成为微软公司的核心竞争优势，为微软公司成为世界个人计算机软件开发的先导奠定了坚实的基础。

（二）微软人力资本分析对知识管理的推动作用

1. 微软公司的人力资本分析

　　微软公司为了更加深刻而准确的理解组织内部劳动力的规模和本质，成立了一支人力资本分析团队（HRBI）。该团队由不同领域的专家组成，包括统计学专家、心理学专家以及财务管理专家等。人力资本分析团队（HRBI）每年通过对公司的员工进行一次调研，深入分析微软人才库，进而提出对应的人才发展措施。

　　这种深层次的人才分析也被称为四步分析法，主要包括四个步骤：①数据收集。为了强有力地支撑研究结果，微软并不支持小于 50 人的样本量，微软所设定的临界雇员取样

量一般大于 100 人。微软人力资本分析团队为了收集数据，用九年多的时间追踪了 90 000 名雇员。并且为了让人力资本的研究结果具有意义，微软人力资本分析团队在研究时对雇员进行了分组，这样就可以区分员工被雇佣后行为成就的结果差异。同时，微软公司还建立了精确完整的人力资源数据库，大大提高了数据的质量和数量，为管理人员获取员工信息提供了技术支撑。②关键定义。微软人力资本分析团队在初步完成数据收集之后，会依据雇员所归属的样本组对其不同的行为特征进行区分，这一过程就是定义员工特征。比如微软人力资本分析团队将"早期离职成本"定义为两年内对新员工的高投入成本，包括招聘成本，签约奖金，新员工低效率的适应时间，雇佣其他长久型优秀雇员的机会成本等。③分析研究。在发现特定问题的基础上，微软人力资本分析团队通过有效的提炼一手观察数据，进而提出相应的研究议题以及预测性分析，再依次结合不同的分析工具进行研究。④采取措施。在对大量人力资本数据分析之后，微软人力资本分析团队会提出对应的人才发展措施。比如，微软通过数据检验已雇员工的工作水准和行为表现，进而预测该员工在微软早期离职的可能性。对应评价结果，人力资本分析团队会提出相关的防范措施。

2. 微软人力资本分析如何推动知识管理

微软的人力资本分析推动了组织的知识获取、知识存储、知识应用和知识创造。微软人力资本分析团队通过对公司 90 000 名员工的追踪调查，收集了大量数据。在对这些初始数据进行分类和定义之后，存入公司的人力资源数据库，从而增加了微软公司的知识存储，并为以后其他部门或员工获取和使用该数据信息提供了基础。同时，微软人力资本分析团队在获取相关数据和知识信息之后，会对其进行深入分析并提出研究议题，体现了依据已有的知识经验去解决有关的问题，实现了对知识的有效应用。当人力资本分析团队通过分析发现组织人力资本中存在的问题时，会提出相应的解决措施。这些措施和建议就是团队成员运用自己的专家知识并结合从外部获取的知识所创出的新知识，有利于组织知识资本的增加。而且这些措施在形成文档存入公司人力资源数据库之后，可以方便公司应用该类知识去解决其他类似的问题。

其次，微软公司的人力资本分析可以有效地减少组织关键知识的流失（如图 2 所示）。微软人力资本分析团队会对已雇员工的工作水准和行为表现进行评估，判断其离职的可能性，并根据预测结果提出针对性的防范措施，比如给予员工公司股票认购权、奖金等物质激励方式，为员工提供完善的职业生涯发展规划。这些防范措施在一定程度上可以减少企业的"早期离职成本"以及因人事变动和流动导致的知识流失，有利于组织更好的留住那些经验丰富的、专业技能很强的员工，进而使某些关键客户的知识、与岗位相关的技能知识以及应急处理特殊情况的能力等核心隐性知识留驻微软公司。

（三）微软人才培训开发计划和创新激励措施对知识管理的推动作用

1. 微软人才培训开发计划以及创新激励措施

微软的人才培训开发计划以"职业模式＋技能差距＋业务需要"为中心，通过人力资本分析团队对员工职业发展需求的调查分析，为员工制定相应的职业生涯规划和学习培训计划。职业模式包括职业阶梯、职业能力与职业经验。员工首先根据自己的实际情况和职业目标选择出适合自己职业阶梯，比如，管理路径或者专业路径，然后公司会根据员工不同的职业路径，参考他们所需要积累的职业能力和职业经验来决定培训的具体内容、时间和方式。

在明确职业模式之后，微软会根据员工的技能差距与业务需求提供针对性的人才培训计划。微软的人才培训开发计划遵循"70-20-10"的原则：员工通过授课、讲座的方式可以获得10%的基础专业技能；导师的一对一辅导可以帮助员工实现20%的能力提升；其余70%的知识和技能则需要员工通过直接工作经验和在职培训获得。首先，新员工进入微软公司的第一年为基础学习期，微软会对这些新员工提供脱产培训，包括讲座和课堂讲课。这种培训有助于实现员工10%的技能发展。同时，导师制也在微软人才培训开发计划中起着关键的作用。被指导者选择一位资深员工作为自己的导师，双方自愿建立关系、提供指导、结束关系。即使双方不在同一个地方，也可以通过公司电话或视频会议保持密切联系。通过指导体系，导师可以帮助其他员工提高专业素质、达成发展目标，为新员工提供更好的职业发展机会。其次，微软还为员工提供一定的在职培训，鼓励员工在工作中学习和掌握新技术、新方法。员工可以提出自己的假设，并与其他员工组成跨职能部门的工作团队，通过实验进行技术攻关，最终基于实验结果检验假设。

为了激励员工不断创新，微软赋予员工充分的自主权，让员工意识到公司对他们的信任，进而满足其更高层次的心理需求。当员工的责任感和参与感不断增强时，更愿意接受挑战性的工作。并且，微软还提出了激励员工创新的业余项目计划，允许员工抽出一定的工作时间和精力去从事一些有助于公司发展的创新活动。比如，在微软车库中，任何微软员工，无论位于哪国、何种岗位、层级高低、正式或实习，均可以在微软车库寻求一个"工位"，着手打造自己感兴趣的创新项目。

2. 选择微软公司作为案例研究的原因

微软公司根据不同员工的职业发展需求为其提出相应的职业生涯规划，有利于帮助员工明确其需要学习的知识技能，进而制定学习计划。这在一定程度上为员工指明了其应该获取的知识种类，为以后的知识应用和知识创造奠定基础。

以员工的职业发展路径为基础，微软公司遵循"70-20-10"的原则为员工提供人才培训开发计划。在脱产培训中，微软通过安排本公司杰出的高级工程师、系统工程师、软件咨询师等专家举办定期的讲座，传授基础技能知识、介绍前沿技术、探讨软件开发难题，推动了显性知识由专家向员工的转移，使技能较低的员工获取了一定的专业基础知识。

导师制的实施是基于导师的言传身教。导师通过一对一的指导，训练员工与业务相关的专业技能，教授员工先进的工作经验，实现了显性知识与隐性知识从导师向被指导者的转移。而被指导者通过不断的知识积累也可以成为一名资深的技术骨干，继续为其他员工提供专业指导。这样知识转移就会一直持续下去，为微软的持续发展提供连绵不断的知识源，有利于提高微软的知识存储量以及知识应用的效率。

剩下的 70% 的知识主要是来自在职培训以及工作经验的积累，这种培训方式获得的知识一般都是隐性知识，也是组织核心竞争力的宝贵来源。员工通过应用从脱产培训和指导老师那里获得的知识，在工作中不断提出假设、检验假设，进而创造出新的知识。

第八章 信息伦理、政策与法规

第一节 信息伦理

伴随着网络信息技术的发展，人们逐渐依赖于利用网络信息资源，越来越多的伦理问题也随之出现，人们的隐私被大量侵犯、网络谣言泛滥、网络犯罪成本较低、知识产权保护更加困难、信息鸿沟逐渐产生等，大数据时代的信息伦理价值正在面临严峻的挑战。

一、相关概念

信息伦理。信息伦理也称为信息道德，指的是涉及信息的传播、管理、开发、利用等方面的伦理标准和要求，以及在此基础上形成的新型伦理关系。网络信息伦理。网络信息伦理是指在进入信息时代而出现的伦理道德现象和利用信息的能力，包括用户在网络中应该遵守的行为准则和道德规范意识以及有效获取信息资源、科学处理信息结构和传递信息内容的能力。

二、网络信息伦理缺陷

网络信息伦理缺陷就是指对网络信息伦理的一种否定，也就是用户在网络信息资源的使用中缺乏信息道德意识，其网络行为严重违背了网络信息道德，比如网络诈骗、网络侵权等。在大数据时代，这种不良网络行为已经成为一种普遍存在的现象，具体表现在以下几个方面。

（1）侵犯他人隐私。大数据时代，技术的不断进步导致个人数据保护将面临更大的挑战。首先，大部分平台都要求实名制或绑定个人银行卡，若平台的防御技术不佳或贩卖用户信息，将直接导致用户隐私泄漏，造成极大的负面影响。其次，过于隐晦的隐私条款，让用户无法轻易察觉，从而在用户不知情的情况下使平台默认为得到了用户的许可，严重侵犯了用户隐私。

（2）网络信息道德问题。一些缺乏伦理道德的人在网络中会"放飞自我"，宣泄现实生活中的压力并且缺乏理性，从而导致网络犯罪的比例日益严重。网络信息急速增长，信息质量参差不齐，虚假数据不断增加，在一定程度上阻碍了技术的进步。网络谣言及网络暴力现象在微博上或贴吧等社交平台很普遍，如今网络媒体在利益的诱导下，会通过各种手段制造一些不实信息，操纵社会公众舆论导向。而网民会被舆论导向所驱使对当事人进行"人肉搜索"、侮辱甚至谩骂，严重影响个人身心健康。

（3）信息鸿沟。信息鸿沟也称信息分化，是指在信息社会中，不同国家、地区、行业的人群由于对社会信息资源占有和使用程度的不同而造成的"信息落差"和"知识分隔"。发达国家所掌握的信息量和信息技术远远超过发展中国家，同一个国家城市所掌握的信息资源远超于农村地区；不同层次不同行业的人员所掌握的信息资源也存在很大的差距。

（4）侵犯知识产权。一方面，网络信息技术的发展使知识产权更容易受到侵犯。数据挖掘技术日益进步，可以更加方便的获取个人作品，并且进行复制传播，使作者的个人利益受到侵害，使知识产权的保护难上加难。另一方面，网络信息技术的不断发展，能够加强对知识产权的控制力度，会导致难以开发和利用大数据的价值，并且与网络信息的开放、共享相悖。

（5）信息安全问题。信息安全是指防止国家机构、企业和个人的信息受到来自内外各种形式的攻击和威胁而采取的措施，涉及计算机网络技术、信息安全技术等。网络空间中，病毒和黑客在匿名制和虚拟身份的多重角色掩护下横行，国际间谍利用网络盗窃国家机密，网络战和信息战危及国家安全和世界和平。

三、网络信息伦理缺陷的治理

（1）完善网络法律法规。从国家层面上来说，可以构建信息安全相关法律，明确规定网络时代关于公民个人信息以及企事业单位的信息搜集、使用和授权条款，保障用户的信息隐私权及使用权。健全完善的追责机制，对于违反法律的网络行为，要加大经济惩罚和刑事惩罚力度，努力提高网络道德缺失的成本。要加强对网络世界的管制和监控，打造一个和谐健康的网络环境。

（2）加强信息伦理教育。包括基础教育、高等教育及行业培训等，建议开设计算机伦理及网络信息伦理的相关课程，加强行业人员尤其是互联网工作者的信息素质及伦理培训。同时推动大学生信息伦理教育，可以建立校园信息伦理教育委员会，其主要职责是制定相关规定，处理学生关于信息伦理层面的问题，并且开展相关教育活动等。其次，强调信息自律，倡导用户文明使用网络，增强网络道德意识，不制作和传播违反法律法规及传统文化道德的信息内容，提高网络用户的道德水平。

（3）提高自身信息素养。网络用户应该能够有效地获取所需要的信息，并且学会去利用、评价信息，努力平衡与他人之间的信息差距，为缩小行业及地区等的"信息鸿沟"贡献一分力量。同时要具有较为成熟的信息伦理理念，形成自身的信息责任意识，能够掌握丰富信息伦理知识，养成良好的信息伦理情感，塑造规范的信息伦理行为。

（4）增强信息保护意识。需要信息用户具有积极免疫信息侵害的能力，能够遵守各种法律法规，保护个人信息安全，自觉选择正确的信息。并且能够具有正确的价值观和信息甄别能力、自我调节能力，能自觉抵御和消除有害信息的干扰和侵害。要树立正确的信息隐私安全观念，养成良好的网络使用习惯，在保护个人信息权利的同时，还要承担信息社会的义务和责任，保证不侵犯他人信息权利。

（5）强化网络信息技术。保护信息安全的重要手段是要推进信息技术的创新和应用。不断发展大数据安全技术，将信息数据安全提升到国家战略层面，加强监测防御设备，鼓励企业和科研机构合作研发提升信息技术安全管理的水平。要掌握数据安全技术，保护国家信息、网络主权和国防安全。同时还要提高专业人员网络安全水平，营造良好的网络环境。

在网络信息资源的开发和利用中信息伦理至关重要，是网络信息时代应该遵守的道德规范和行为标准，这种价值评判标准在不断影响着良性网络环境的和谐发展。

第二节　信息政策与法规概述

一、信息政策

通过对共享、信息政策以及政策协同等基本理念的理解，分析其内在关联性以及可以研究的方向。借助中国知网以及互联网上的有关知识，尤其通过知网可以对信息政策之间的关联性进行分析以及获得信息政策的途径更为多元化，不像以往那么单一化和无序化，利用共享机制可以获取更多有用信息政策，争取为信息政策的制定提供有价值的信息或情报。

（一）研究目的和意义

1. 研究目的

党的十八届五中全会提出的"创新、协调、绿色、开放、共享"的新发展理念，继承和丰富了马克思主义发展观，凝聚着对经济社会发展规律的深入思考。共享发展理念已经深入到学生学习研究，社会发展等各个方面，在共享的大环境下，以往的信息政策之间具有极大的潜在价值，如何将其转化为隐性知识，为各级政府、国家、社会所应用便显得极为重要。借助互联网以及可用渠道获取信息政策，通过不同政策之间的协同研究，分析其关联性和异同性，可以在加强个人对有关政策了解的同时，制定更新的政策，从而为社会起到便利普及的作用，最终达到 $1+1>2$ 的效果。

2. 研究意义

（1）理论意义

完善协同领域相关研究方向。目前学术界对协同的研究相对较少，而信息政策协同研究则是更少，本节希望在对已有信息政策协同研究总结，并进行自我分析的基础上，提出新的观点，为后来的研究提供基础。

（2）实践意义

在大数据及共享的环境下，通过搜集信息政策相关信息，运用协同分析的方法，争取获得新的研究方向或新结论，同时寻求新方法，为政府制定相关政策提供有价值的信息或情报。

（二）相关概念

1. 共享

所谓共享就是指分享，将一件物品或已知信息分享给他人或某个组织，不以盈利为目的的一种行为。

在本节所提到的共享环境主要是指共享信息，信息政策在不同机构、不同部门和不同国家间的共享，通过这些共享政策，实现社会甚至世界的协调、有序发展，有效防止各类侵权事件的发生。同时也可以为有关部门更好地制定相关政策提供必要的依据。

2. 信息政策

信息政策有双重含义，从微观上来讲，主要是和信息有关的政策，即政策里和信息有关的那一部分。从宏观上来讲，信息政策即政策信息，是指所有的政策，都是信息，即信息政策。本节主要研究微观层面的信息政策。

另外根据中国知网的解释，信息政策是为了促进信息产品的生产、流通和消费，一个国家对有关信息活动和机构制定的行动准则。在知识产权的法律领域，最常见的是发明专利权、商标权、版权以及软件专有权等。信息政策有以下几个方面内容：①关于信息产业发展的政策、信息产业基础设施的政策、开辟新的信息技术政策。②关于信息产业组织的资格审查、信息服务的有关政策等。③关于知识产权的法律保护及信息共享等方面的政策等。

3. 政策协同

不同政策主体通过一定手段和方式，减少政策以及政策相关主体之间的重复、交叉和冲突的情况，解决和缓解政府在管理社会事务、提供公共服务过程中出现的政策碎片化问题；政策协同能够增加政策之间相互兼容、协调、支持，从而解决一些跨领域、跨部门的问题；强化各主体共同的政策目标——加强政策的一致性、连贯性、综合性，从而提升政策产出。

（三）国内外研究综述

目前世界各国对信息政策的制定不一，这是由各国综合国力和社会性质等基本性质所决定的。如何协调发展，制定趋近协调的政策，需要各国共同考虑，这就需要各国运用一种协同研究的方法，笔者相信，在将来，会有如信息技术产业理事会总裁迪恩·高菲尔德所呼吁的那样，我们未来的信息政策应该是在保护数据安全的同时，也符合国际标准，满足其互操作性，使信息互联互通，起到信息的最佳效果。

1. 国内信息政策研究

（1）国内信息政策研究现状及趋势。

1）国内信息政策研究现状

目前国内信息政策的研究主要集中于电子政务、各国信息政策与法规的比较、信息资源管理以及信息安全等。对于信息政策的研究相对较为全面，但是都还只停留在宏观政策的方面。对于大量关系到国计民生的实体工业和民生相对较少，但我国对信息政策的研究也在不断完善中。近年来，信息政策研究的文献以倍数增长，国内信息政策的研究正在不断发展和完善。

2）国内信息政策研究趋势

对于发展快速的中国来讲，电子政务、网络信息安全等都属于后来者，还有广阔的研究空间。与此同时，由于不断产生新生事物，信息政策研究越来越不能单一地进行研究与扩展，寻找不同政策之间的兼容性以及互异点也逐渐成为趋势，即研究不同政策之间的协同性，如张国兴等的节能减排政策协同有效性研究，李良成等的基于内容分析法的广东省战略性新兴产业政策协同性研究，田园宏的跨界水污染中的政策协同研究现状与展望。同样的信息政策方面也有信息政策协同研究的趋势。

（2）国内信息政策协同研究现状及趋势

1）国内信息政策协同研究现状

政策协同是一个大的趋势，但是相对于信息政策协同只是政策协同的一部分，而信息政策协同又大多有情报学专业的师生来进行研究，便少之又少，目前国内对信息政策协同的研究主要集中在黑龙江大学信息管理学院。

2）国内信息政策协同研究趋势

目前国内对于信息政策协同的研究主要是开放数据与数据安全研究、政府开放数据协同研究、医疗卫生信息公开政策的基本研究框架与制定协同研究、政策协同有效性的实证分析等。

2. 国外信息政策研究现状

国外某些发达国家由于起步较早，信息政策研究相对完善，如美国主要从宏观上研究信息政策，强调市场的自由流动，鼓励同行业的公司开展市场竞争。德国的信息政策的研究集中于对不同行业的细化，使得政策与实体紧密结合，这也是使得德国成为欧洲信息化程度最高的国家之一的原因。日本的信息政策研究则主要是以经济发展为前提进行相关研究，以此来迅速提升经济实力，增强国力。

此功能使用的是 Valve 公司发布的 SteamVR 插件，并将该插件导入到 Unity3D 游戏开发引擎中，再经过脚本命令的编写，完善其精细程度，将其导出为 APK 文件安装至手机，即可实现三维人骨模型的虚拟增强。

国外虽然说信息政策的研究相对国内起步较早，但是在信息政策协同方面的研究也并不是很多（笔者找到的国外信息政策协同资料较少），主要是因为在信息政策协同研究较为抽象，而概念又相对混淆，不便于进行深入研究，但笔者认为信息政策协同具有广阔的研究前景，它将便于国家制定相关法律法规。

二、信息法规

随着我国科学技术不断发展，网络已经深入到社会的各个领域当中，对便利人们生活，促进国民经济发展具有十分重要的意义。然而，黑客和病毒也为信息网络安全带来巨大的影响，甚至已经威胁到我国公共安全和国家安全。加强对保护信息网络安全的技术性和管理性法规构建迫在眉睫，以实现对信息安全网络全方位的保护，并形成一道坚固的防御体系。在这项防御体系中既包含了防火墙技术、加密技术、安全通信协议等内容，又包含了网路安全管理制度，在下文中进行具体的阐述。

（一）保护信息网络安全的技术性法规

1. 密码技术标准

运用密码实现加密作为信息保护最为常见的一种方法，通过对数据加密，可以充分地起到机密性、验证性和控制访问三项作用，从另外的角度也可以将之解释为一切的秘密都掌握在密钥当中，因此密钥技术的标准化和国产化至关重要。为达到这一目标，我国的密码数位技术也要不断地提高，并且确保密码设置符合规定。通常情况下，攻击者对网络进行攻击主要是通过对用户的密码解释实现非法入侵，通过加大密码破译难度和强化密码管理者安全观念，可以有效提高用户信息网络安全。具体措施包含了：①运用国产的密码技术，并且规定最低的密码位数；②运用数字、符号、字母等对密码进行设置，并且定期对密码或者是口令进行更换。

2. 防火墙技术及其他技术产品国际化

防火墙技术作为现目前对信息网络安全保护应用最为重要的技术之一，很多的消费者也将防火墙当作网路安全的重要平台，也导致更多的厂商将防火墙作为一款集成的安全产品进行销售，甚至是将这些安全产品融入网络硬件当中进行捆绑销售，我国也不得不配套的从国外引入，对信息网络安全也造成一定影响。针对这一情况，在对信息网络安全技术性法规完善时也要注意：①针对国家重点部门，尽量使用国产防火墙技术产品，针对从国外配套购入的产品，则需要明确导致出现失密所要承担的法律责任；②对我国信息安全技术提供政策支持；③设置检测机构，对各种信息安全产品的安全性实施检验，并对其评级。

3. 承认当事人所选择认证中心的法律效力

加密作为保护数据信息安全的最为基本的方法，这一方法也只能够防止第三方对相关信息数据进行获取，如果联系对方出现的伪造、冒充、攥改等情况，也就无法有效解决数据安全问题。针对这一情况，就可以借助数据签名技术，联络和确认双方身份，并且由专业的管理和登记机构担任保障电子文书真实可靠性和进行鉴定的责任。我国也可以通过制定网络服务机构法的方式，赋予机构法律地位，同时阐明需要肩负的责任和权利，具体的规定也需要包含以下内容：（1）机构具有独立性，也不能够以任何的方式参与到贸易活动当中；（2）用户数据传递中的客观、公正中心，一旦出现纠纷，该机构提供相关证据作为证据，辅助司法、行政机关开展工作；（3）对用户提供电子记录保密和储存服务，不能够擅自改动或者是透露给其他人、机构；（4）当事人双方一旦选择了某一服务机构，那么该机构认证及仲裁的结构对双方都能够发挥法律效力，双方也都必须执行。

在上述中所提到的保护信息网络安全技术性法规，主要是针对当前应用较为普遍的信息安全技术，使得通过信息技术保障网络安全。然而在对信息网络技术进行保护的过程中，也可以窥见其限制因素，尤其是在当前信息大爆炸时代，再坚固的安全技术也面临着被攻破的可能，这也是我国信息网络安全技术性法规多数是以规章形式呈现的主要原因。因此，构建一套更为完整、全面的信息网络安全管理性法规可以有效弥补技术性法规中存在的不足之处，也能够强化信息网络安全管理效果。

（二）保护信息网络安全的管理性法规

提高人们网络安全防范意识不仅仅要强化安全知识的宣传和法制教育，还需要借助一套完整的管理系统，有效保障信息网络安全。如：《公司法》、《证券法》等。借助于保护信息网络安全管理性法规的构建，将管理的程序、法律化详细具体的展现出来，以便于后期的实际操作，也有利于人们自觉地遵守和执行，还能够强化人们网络安全意识。

1. 计算机信息系统安全评估

每一个用户都希望可以选择一个安全系数较高的计算机操作系统，在其中若是没有公正、客观的评估标准，也就无法对计算机信息系统产品安全等级进行评估。没有专业性的安全技术指导，购买者也没有相关的参照依据和安全标准，也就无法购买到自己想要的安全产品。在美国、英国等国家都相继颁布了计算机系统评测标准，促使信息安全产品严格按照标准对信息技术产品进行制造和应用，同时美国的国防部门就《可信计算机系统评估标准》，将计算机系统的安全性划分为不同等级，针对不同的行业其所生产和应用的信息系统安全等级也要符合相关规定的要求。我国也应当结合国内外先进经验，做好以下内容：（1）严格执行全国统一计算机信息系统的安全评估标准，并且划分不同的安全等级，针对特殊行业强制规定计算机信息系统安全等级；（2）构建专业、权威的安全评估机构，评估和检验计算信息系统是否达到规定安全等级。

2. 计算机信息系统监察

在我国一些区域中，专门设置了监察机构对不同级别的单位计算机信息系统安全标准实施检查和监督，经过大量的实践也证明了：设置专门的监察机构，让更加专业化的安全监察人员保障计算机信息系统安全所取得的效果更大，其中所包含的内容有：（1）所使用单位构建与之相对应的安全监察制度；（2）建立安全监察考核制度，只有考核合格，并接受技术培训之后才能够参与到实践工作当中；（3）计算机信息系统安全监察部门其工作职责主要是监督和检查该单位所执行计算机信息系统安全法律法规的实际情况，并且定期对本单位计算机信息网络安全系统进行检查和完善安全保护措施。

（三）指导各个单位构建与之相对应的计算机信息系统安全规定

在我国颁布的《计算机信息系统安全保护条例》中，明确的提到使用单位应当结合自身实际情况构建属于自己的计算机信息系统安全管理制度，并且负责本单位的安全保护工作。虽然在一些区域结合规定制订了自身的计算机信息系统安全管理制度，但是从整体上来说水平较为参差不齐，也要求我国法律法规进一步加强对安全管理制度的具体化，以引导和帮助各单位更好地对计算机信息系统安全管理制度进行构建。其中包含了：（1）优先选择我国的软件、硬件，尤其是当前在一些国外计算机硬件和软件上都带有着自身的资源密码，在我国一些特殊领域和部门中就比较不适合进行应用，如：国防部门。针对我国的其他领域，可以采取有效的措施，给予使用我国计算机硬件、软件产品的单位给予安全评估优惠；（2）在对外来的软件或数据进行使用的时候，提前进行安全检查和试验，也不要轻易地使用任何来历不明的软件及数据；（3）构建报警制度，如新病毒、大型计算机安全事故等，及时的上报至公安部门；（4）加强对计算机信息网络运行审批制度、恢复制度、密码制度、病毒预防制度、数据存储备份制度等构建，有效将计算机信息网络管理制度与审计工作相互连接起来，以确保在问题发生的第一时间及时、有效的解决。

在我国科学技术持续发展背景下，我国的信息网络技术也不断推陈出新，并且在社会各个领域中取得广泛的应用。随之而来的信息网络安全问题也逐渐涌现出来，对我国信息网络安全造成严重的影响，加强对保护信息网络安全技术性和管理性法规的研究和探索非常有必要。在本节中从保护信息网络安全技术性法规和保护信息网络安全管理性法规两个方面，对完善和优化我国信息网络安全立法进行详细的探讨，并且分别提出有效措施，实现对信息网络安全的有效保护，也推动和保障我国社会经济更好的发展。

第三节　信息公开的制度与法规

行政信息公开的推行与《中华人民共和国政府信息公开条例》（以下简称《条例》）的颁布，被誉为是构建和谐社会开的一扇明窗，是我国行政信息公开迈向法制化及权力在阳光下透明运行的标志。不但规范和约束政府行政公开信息的行政行为，也为社会和公众监督政府行为提供了强有力的保障，结束了我国行政信息公开无法可依的局面。然而，即使《条例》颁布实施，并不等于说我国各级政府及其行政部门就会自动实现法治化，自觉依法行政，实现政府权力的透明化。

一、我国行政信息公开制度仍旧存在的主要问题

（一）行政信息公开制度在全国范围内仍不统一

在《条例》出台之前，全国有 14 个省、直辖市、自治区和 16 个较大的市都推行了行政信息公开的试点，已经制定了本地区、本部门的一些信息公开的规定。《条例》出台以

后，清理地方原来的规章便成为当务之急。而统一国内相关法律，直接关系到《条例》实际实施的效果。

（二）《条例》的法律位阶较低，使其实施效果大打折扣

《政府信息公开条例》的立法方式是采取行政法规的形式，虽能在全国范围内适用，但国务院作为最高行政机关来制定行政法规，违背了"自己不能做自己的法官"的原则（规章也有此问题），由自己规定自己的权利义务，只能产生没有保障的权利和没有监督的义务。同时，从世界各国已经颁布实施的有关信息公开立法的情况来看，在立法层级上大都由国家立法机关颁布实施的，有些甚至是作为国家的基本立法来加以规定。因此，在我国，只有由全国人大或其常委会制定《政府信息公开法》，才能真正对各级政府的信息公开活动进行监督。

（三）《条例》对主动公开范围做出明确规定的立法方式存在问题

从国外政府信息公开的立法来看，一般都没有规定主动公开的范围，而只是规定了不公开的内容。除了不公开之外的，都应该公开。这就是所谓以公开为原则、以不公开为例外的原则。我们在制定政府信息公开条例的时候，虽然也体现了以公开为原则、以不公开为例外的原则。但是条例规定主动公开的基本要求和公开的内容，以及各级政府主动公开政府信息的重点，笔者认为此举完全没有必要，反而给《条例》制造了巨大的漏洞。《条例》规定行政机关主动公开范围，这样就无形的造成对非《条例》规定而应当公开内容的排除，同时也模糊了排除事项的内容，使得行政机关对公开的标准握有较大的解释权。而行政机关具有很大的自由裁量空间，这无疑将成为行政机关躲避公开的又一"良招"，将会导致条例付之阙如，无法落实。

（四）《条例》规定的救济手段仍有不足

行政信息公开行为是一种具体的行政行为，因而行政信息公开活动发生的有关争议主要采用行政复议和行政诉讼两种方式，这一点在我国颁布的《政府信息公开条例》中已经作了明确规定。

在救济实践中，两种救济手段往往只能采取非此即彼的选择，很难发挥救济制度的整体功效。首先，当人们遇到信息公开的争议时，一般首先选择裁决快、效率高的行政复议。但是，行政复议机关与被申请人之间具有行政隶属关系和一定的利害关系，使得复议机关的独立性和公正性大打折扣，很难令人相信其能以第三者身份和立场来裁决纠纷。其次，行政诉讼程序繁多，专业法律知识要求高、审理周期长、诉讼成本高等原因，一些民众考虑的信息时效性、经费、时间和精力等因素，往往并不愿意加入这样一场诉讼，尤其是信息具有时效性，一年半载的官司之后，有可能心力交瘁打赢了官司，信息也失去了"利用价值"，所以许多人往往放弃自己的诉讼权利。这样，救济制度设置的实际效用就难以发挥出来。

二、制定、修订和完善相关法律法规，为行政信息公开的法治化提供充分的法律保障

制定一部专门的信息公开法已经成为我国知识界的广泛共识，这从近年来学者们不遗余力的鼓吹中就能看出。如今，国务院《政府信息公开条例》已经正式完成。随着条例的公布和实施，我国信息公开的改革也会日渐走上规范化的轨道，从而实现由"分散式"向"通盘式"模式的转换。然而，信息公开法律体系的建设绝不是仅仅依靠制定一部信息公开条例就能够实现的。可以说，这项工作在我国才刚刚开始。信息公开法律体系的建设需要着重解决好以下两个问题：

（一）立法进路

在信息公开立法中由相关立法机关制定《政府信息公开法》的方法，应当为我国所汲取。同时也应注意到，虽然作为行政法规的《政府信息公开条例》已经出台，但有关信息公开的地方性法规或规章的制定和修改仍然十分必要。当各地的信息公开改革都有了基本的规范依据并积累了众多经验之后，全国性的统一立法工作的开展既会是水到渠成，又会更加科学。

（二）法律之间的协调

信息公开法律体系的建立涉及多部相关法律的制定与修改，因而必须做好彼此之间的衔接。在我国，除了要制定专门的《行政公共信息公开法》以外，还要制定《隐私权保护法》、《新闻法》等配套的法律。同时，还必须与未来的《行政程序法》中有关行政公开的规定保持和谐。此外，还必须对现有的《保守国家秘密法》、《档案法》、《统计法》等与信息公开有关的法律进行修订，删除其中某些不合时代潮流的规定。

三、增设新的救济机制，即信息公开委员会的申诉制度

鉴于我国行政复议和行政诉讼两种救济途径存在的不足与缺陷，参照国外（主要是日本）的救济制度，根据我国行政信息活动、信息资源管理和信息公开的现实情况，我国行政信息公开救济制度中还应该增设一种程序简洁、裁决公正科学的救济机制，即信息公开委员会的申诉制度。用此一制度配合行政复议和行政诉讼制度，来提高整个行政信息公开救济制度系统的效用和力度。笔者认为信息公开委员会的组织及审理活动应有以下内容：

（一）组成与性质

参照日本《信息公开法》第 23 条第一款，信息公开委员会委员需从信息公开领导机构选出，并经国务院总理任命。该委员会的性质应属于行政系统内部独立的具有指导性、咨询性和裁决性的机构，是独立于拥有信息的行政机构之外。一级政府只设立一个信息委员会。信息委员会超脱于一般的行政职能机构，直接隶属于各级政府信息化工作领导机构。

（二）植入屏蔽审查程序

由于篇幅限制，笔者不能完全详细罗列信息公开委员会受理、处置申诉的程序和步骤，只能突出一点进行论述。所谓"屏蔽审查程序"，是美国《情报自由法》第1条第4款第2目的规定，即法院在此类案件中"可以秘密查阅该机关记录的内容，以确定该记录或其中任何部分是否属于第2条所规定的不应向公众公开的记录"。这种不公开审查在法律术语上称为法官私人办公室内审查（in camera review），是指法官对机密的文件或可能具有机密性质的文件，可以在当事人不在场时私下对文件的内容进行查看检验并判断其是否具有机密性质。需要指出的是，信息公开审查委员会植入的屏蔽审查程序与美国的"屏蔽审查程序"不尽相同，正如日本《信息公开法》第二十七条第一、二款规定，信息公开审查会"认为必要时，可以要求咨询提出机关出示公开等决定所涉及的行政文件"，咨询提出机关不得拒绝审查会的该要求。委员对该行政文件进行实际的审查之后做出该行政文件是否应该予以公开的结论。同时作为这制度的保障，第二十七条第一款和第三十二条规定"任何人不得要求审查会公开该被出示的行政文件"，并且"审查会的调查审议程序不公开"。

信息公开审查委员会事先屏蔽审查制度的存在，不但能够保障可能真正具有秘密的行政文件，而且能够在事实上引导法院的裁判，如果申诉人对委员会的处理决定不服，最后也可向人民法院提起行政诉讼。我国现行《行政诉讼法》第6条确立了行政审判公开原则，显然不能适应信息公开案件审理的需要。鉴于我国行政复议制度现实纠纷解决功能的梗阻，需要建立专业的信息公开审查委员会制度。

阳光是最好的防腐剂，行政信息公开是中国所需要的。所幸的是，以建立行政信息公开制度的改革已经开始启动，虽步履维艰，但毕竟已经"姗姗学步"。伴随着公民权利意识的觉醒、知识界和社会舆论的大力推动以及外部压力的日益增强，行政信息公开也将获得强有力的制度保障，而我国的法治化进程也必将因此大大加快！

第四节　信息安全政策与法规

随着互联网技术的发展，政府对信息安全保护愈发重视，并颁布了一系列政策法规。理论是指导实践的基础，目前在我国对信息安全理论的研究并不充分，笔者将深入探讨信息安全政策的理论研究，完善信息安全政策的理论体系。

一、信息安全政策的定义

目前，我国对信息安全政策并未给出明确的定义，但我国很多专家学者都对信息政策做出了定义。虽然目前国内外关于信息政策的含义存在着不同的理解，对信息政策的范围和内容也缺乏统一的认识，但对于作为我国信息政策重要组成部分的信息安全政策的定义仍有着重要的借鉴作用，因此，笔者首先对信息政策定义进行归纳研究，从而进一步探讨我国信息安全政策的定义。

当前，我国学术界对国家信息政策的概念有多种表述，归纳起来主要有以下几种观点：①从管理的角度出发，信息政策是国家根据需要规定的有关发展与管理信息事业的方针、措施和行动指南；②从决策的角度出发，信息政策是政府或实体为实现一定的目标，如信息自由流通、信息资源共享而采取的行动准则；③从信息活动出发，认为信息政策是调控社会信息活动的规范和准则。

以上观点从不同的角度对信息政策进行了定义，但它们在目标和功能上是一致的，可以归纳为信息政策是指在为解决信息管理和信息经济发展中出现的，涉及公共权益、安全问题，保障信息活动协调发展而采取的有关信息产品及资源生产、流通、利用、分配以及促进和推动相关信息技术发展的一系列措施、规划、原则或指南。

借鉴信息安全和信息政策的定义，笔者认为：信息安全政策是指为保护信息的完整性、可用性、保密性和可靠性，使内部信息不受到外部威胁而制定的一系列措施、规划、原则或行动指南。

二、信息安全政策的作用

（一）信息安全政策是保障社会团体组织实现信息安全管理目标的行为准则

不同的组织团体根据自身的信息安全的需要制定一系列作用于组织内部的信息安全政策，这些政策主要包括保障信息在收集、传播、服务和共享等方面安全的规章制度，以及相关的激励和处罚条例，这些信息安全政策对组织内部人员对信息的安全使用提供了行为规范，从而保障了信息活动安全顺利进行。

（二）信息安全政策是对信息系统安全运行机制进行调节的一整套政策体系，对我国信息事业安全发展具有宏观推动作用

信息安全政策是一个庞大的政策体系集合，它是在国家信息政策的指导下，根据不同的信息安全状况，而制定的一系列保障信息工作安全进行，信息市场快速、安全、稳定发展的原则、指南、规定、条例等。这些安全政策为我国信息工作和信息产业的安全发展起到了宏观指导和规划作用，从而在很大程度上推动着我国信息工作安全进行和信息产业安全发展。

（三）信息安全政策是我国信息安全建设的方针、原则和办法，它对我国信息安全活动起到指南作用

随着信息技术事业的发展，涉及信息安全领域的问题愈来愈多，如何才能保障信息在流通使用各个环节中的安全已成为国内外专家学者的研究热点。信息安全技术的发展虽然

为信息安全起到了技术保障作用，但却不能对信息安全使用、保障信息安全建立起秩序并起到指导作用，信息安全政策弥补了技术上的不足，建立起了我国信息安全建设的方针、原则和办法，对我国信息事业的发展建设和信息活动的安全进行起到了指南作用。

三、信息安全政策的本质

信息安全政策是一种政治政策措施，而政治政策措施具有多种规定性，这些规定性放在一起使得政策成为权力机关为达到一定的目标而采用的方法和手段，它是理论与实践的中间环节，因此它具有理论和实践的二重性。

（一）信息安全政策是维护信息环境趋向和谐和正常运转的基础

信息安全政策是解决信息安全问题的最直接环节，信息安全政策制定的正确与否决定着信息安全政策目标能够实现与否和信息安全政策实施的程度及范围，信息安全政策的实施是完善、维护现有信息安全政策，制订新的信息安全政策的基础，通过信息安全政策的有效实施和完善健全，信息在信息流通的各个环节的正确性、安全性、完整性、冗余性得以保障，从而使信息环境更加美好和谐的运转。

（二）信息安全政策是政策主体站在公共立场上维护信息不受侵害的重要工具

信息安全政策的制订实施为维护信息安全提供了保障工具，它的制订和实施从公共立场上维护了政策主体的利益，然而由于信息安全政策主体即信息安全政策的制定实施者和信息政策客体即政策目标人群之间存在着价值取向地位不同的问题，从而导致了信息安全政策主体和目标群体的价值能否独立在信息安全政策过程之外，换而言之：信息安全政策制定者、执行者及目标群体自身的价值取向是否会影响政策最终地价值趋向就成了研究关键。笔者认为：虽然信息安全政策的主体是站在维护公共信息安全的角度来制定和执行信息安全政策的，但是由于政策制定者和政策执行者在信息安全政策的制定中或多或少的受到个人主观因素的影响，政策目标与政策目标群体在价值取向上不完全吻合，使得信息政策过程不再是直线过程，因此，希望信息安全政策一出台就能解决所有的信息安全政策问题是不现实的，这是对信息安全政策主体和信息安全政策目标群体主观能动性的否定，也是对信息安全政策过程中自上而下的信息流的忽视，更是把信息安全政策当作一成不变的决策结果和行动指南的唯心思想。

（三）信息安全政策是一种解决信息安全问题的能量

信息安全问题是信息安全政策的逻辑起点，政策是用来解决"问题"的。"问题解决"是政策制订实施的目的和归属，一个政策能把问题解决到什么程度，正如一项信息安全政策的制订实施是否能保障信息安全正确的使用，解决信息环境这个大系统正常和谐运转中存在的诸多问题，这种"问题"解决到了什么程度就涉及了政策的能量。信息安全政策是解决信息安全问题的能量。这种"能量"是如何在信息安全政策的正常运行中使用的，从哲学的角度来看，可以分为两种观点：一种观点认为利用信息安全政策可以解决信息安全的所有问题，只要政策制定合理，任何现有和潜在的问题都会被消除；另外一种观点可以归结为信息安全问题正如矛盾论的基本观点那样，问题是不能解决的，只能通过信息安全政策的调节进行缓和，正是由于这种矛盾性，信息安全政策才能不断推陈出新。

（四）信息安全政策是信息时代最广大人民群众根本利益的体现

随着信息技术的发展进步，信息安全受到的威胁日益增多，信息的破坏、丢失、泄露给信息使用者造成了巨大的困扰。信息安全政策的制定出台为广大信息使用者的利益提供了有力保障，信息安全政策的制定是基于广大人民群众的利益之上制定执行的，它是信息时代广大人民群众根本利益的体现，这种利益是大多数人的、长期的、稳定的、全局性的利益，而不是少数人的或局部的利益。信息安全政策对信息使用流通中的各个环节中的资源和关系进行协调，以维护信息在信息环境中能够被有效安全的利用，从而保持社会的公正和稳定。

四、信息安全政策的功能

（一）导向功能

信息安全政策的向导功能主要是通过两种途径表现出来的：①借助于信息安全政策目标群体目标因素，来规范目标群体的行为方式。信息安全政策的制定者根据其对信息安全事业发展的客观过程、变化趋势以及目标群体的需求分析进行预测，提出政策目标，并为目标实现制定具体方针、步骤、方法及措施等，以此规定人们的行为准则，从而使信息活动能够安全进行。②借助目标群体的价值因素，来规范目标群体的行为方向。信息安全政策目标群体的自利性以及对信息安全政策的理解认知程度，都是影响信息安全政策颁布施行的关键因素，信息安全政策能够通过其价值系统来明示人们信息安全政策的是非界限，统一人们的价值观念，从而达到信息安全政策的目标。

（二）调控功能

随着信息技术的进步，人们对信息需求量日益增加，信息为社会各个团体带来的巨大利益清晰可见，信息的拥有量和经济效益成正比例趋势攀升。现实社会中的不同利益群体之间不可避免地会有摩擦、冲突和对抗，政府必须使用公共政策这种有效工具来对信息使用中的各种矛盾进行调控，从而减少利益团体在对信息使用争夺过程中对信息造成的泄露、破坏、丢失等危害，以及这危害带来的经济损失。其次，信息社会之所以能够运用信息安全政策对信息的安全流通进行调控，是因为现代信息社会的运行不是一个自发的无序的过程，而是一个依据客观规律、有序的过程。

（三）管制功能

信息安全政策的解决，可以通过令信息安全政策对象不做什么来达成信息安全政策的目标，信息安全政策主体要制定相应的政策条例来禁止政策对象不做什么，或者说要使信息安全政策对象不发生政策主体不愿见到的行为，如信息泄露、信息丢失、信息盗用等行为，就必须使信息安全政策对政策目标的行为具有管制功能，这种功能是通过信息安全政策条文规定表现出来的。目前，我国还没有相应的信息安全法律出台，因此信息安全条例的管制功能就显得尤为重要。

五、电子文件信息安全管理法规体系建设思路

（一）法规体系构建原则

科学性与系统性原则。电子文件信息安全管理的复杂性决定了在相关法规体系的构建过程中必须坚持科学性和系统性原则。科学性原则指的是必须全面、客观、准确地分析电子文件信息安全管理涉及的各方面因素，把握电子文件信息安全管理的内在发展变化规律，在法规中能够指导和协调相关各方的关系，从而最终维护电子文件信息安全管理的健康有序发展。系统性原则是指电子文件信息安全管理法规效应不能也不应该是单一法规本身能够实现的，而是要从组成该系统的互相协同的法规集合中才能得到完整实现，并且这个效应超过了法规个体效应的简单数学累加之和。

稳定性与开放性原则。稳定性是指电子文件信息安全管理法规体系在总体法律精神上的稳定，它应当在范畴、原则、宗旨等基本法律层面上保持不变，并在一定时间内保持内容的相对稳定。只有在稳定的法规指导下，机构和人员才能在合理的预期中开展工作。但另一方面，与电子文件信息安全管理相关的各种理论、技术都在不断发展更新，因此法规的制定者和执行者应当保持开放的心态。这里的开放性是指电子文件信息安全管理法规体系不是僵化的、封闭的，而是开放发展、吐故纳新的，应当及时针对外部条件的变化和内部情况的更新进行修订完善，以指导规范新情况下的电子文件信息安全管理。

现实性与超前性原则。电子文件信息安全管理法规以指导规范电子文件信息安全管理活动、解决现实问题为主要立法目的。电子文件信息安全管理法规应当从实际需求出发，科学合理地协调多方关系，促进电子文件信息安全管理健康有序地发展；另一方面，电子文件及相关信息技术的发展相当活跃，人们对电子文件信息安全的认识不断深入，因此电子文件信息安全管理法规应随着这些变化适当调整，不仅要面对现实，而且要适度超前，将法规的现实性与前瞻性结合起来。

独特性与普遍性原则。电子文件信息安全管理法规体系应当由一系列综合性和专门性电子文件信息安全管理法规构成，直接针对宏观的和微观的电子文件信息安全管理领域，对其进行集中指导和约束，解决相关问题。从这个角度看，该法规体系的特点相当突出，

这是其独特性的重要表现。同时必须较好地把握电子文件信息安全管理与更广义的信息安全管理和文件管理等其他专业领域间的联系。这些相关领域的法规体系的发展变化对于丰富与完善电子文件信息安全管理法规体系有着直接或间接的推动和促进作用，应当充分借鉴它们的立法成果，为我所用。

（二）法规类别

从对电子文件信息安全管理法规的适用范围上，分为综合性法规与专门性法规。综合性法规属于电子文件信息安全管理法规体系的有机组成部分，层次较高，通用性强，对信息安全管理活动的具体实施具有约束作用和普遍的指导作用。但是其涉及电子文件信息安全管理的内容往往不够具体，在电子文件信息安全管理实践中的可操作性不强。专门性法规是专门针对电子文件信息安全的具体管理活动或某一领域的具体业务形成的法规即为专门性法规，如电子文件信息分类与控制规定、电子文件数字签名使用规范等。专门性法规的内容专指性强、适用范围具体。目前急需在综合性法规的基础上制定专门针对电子文件信息安全管理活动流程和相关业务的法规，形成具有可操作性、专指性、针对性的专门性法规体系，以规范和保证各类机构电子文件信息安全管理活动的正常开展。

从对电子文件信息安全管理的法律效力上，分为法律、法规、规章和规定。电子文件信息安全管理法律。它是电子文件信息安全管理法规体系中的最高层次。由于电子文件信息安全管理活动相对微观且较专业，就电子文件信息安全管理制定出台专门法律的可能性不大，因此对电子文件信息安全管理活动法律层面的规范要基于现有的相关信息安全法和档案法等法律。

电子文件信息安全管理行政法规。目前尚无专门针对这一领域制定的行政法规，未能在这一层面对电子文件信息安全管理进行指导规范。

电子文件信息安全管理政府规章。目前，由国家档案局发布的与电子文件（信息安全）管理直接相关的规章有《电子文件归档与管理规范》、《版式电子文件长期保存格式需求》、《基于 XML 的电子文件封装规范》等。电子文件信息安全管理许多相应规范都参照此类规章制定，尚未制定的部分则直接使用，因此具有较强的指导规范作用。

电子文件信息安全管理规定。它是电子文件主管部门在前述三者尤其是国家档案局各项规章的基础上，根据电子文件信息安全管理的特点和需要而制定的。这些专用规定更加具体明确，针对性和专指性强。

第五节　各国信息政策与法规比较

一、中美信息公开政策法规比较

美国信息公开政策法规。美国十分重视信息公开相关政策法规的制定和发展，它主要由四部法律组成：《情报自由法》、《阳光下的政府法》、《电子信息自由法》以及《隐私权法》。这几部法律从不同方面、不同角度对美国信息公开做了详细规定，保障了公民知情权的实现。

《情报自由法》制定于1966年，于1967年7月4日实施。它规定除了九项涉及国家机密的情况不予公开以外，一切政府文件必须对公众公开。任何人不需要说明任何理由，只要能指明所要求的文件，按照规定的手续和费用，都能得到政府文件。如果行政机关拒绝公开文件，那么当事人可以提起诉讼。① 1967年实施的情报自由法保障了私人取得政府文件的权利，这在美国历史上是一次革命。它体现了美国情报自由法的一个基本原则：政府文件公开是原则，不公开是例外。它限制行政机关自由决定不公开政府文件的权力。法律还规定，即使属于免除公开的文件，行政机关仍然可以自由决定公开。

作为政府信息公开制度的一个组成部分，《阳光下的政府法》主要是针对政策制定过程的公开制度。该法规定：合议制行政机关的一切会议除符合该法规定的免除公开的条件以外，都必须公开，公众可以出席、旁听和观看会议的进程，但不能参加会议进行发言。免除公开的理由仅限于会议涉及国防机密或外交政策、会议事项属于贸易秘密或者机关内部的人事规则和习惯等等。此外，对合议制行政机关举行会议所必须履行的程序也做了明确规定。

为适应信息社会的迅猛发展，1996年《电子信息自由法》应运而生。它以电子化为核心，要求政府以电子化格式和方法处理并传播政府信息。该法规定，行政机关必须针对其所拥有的某些文件档案，在建档后一年内，以电子化方式提供给公众，以便公众能够更快更好查阅政府相关信息。

作为《情报自由法》的重要补充，《隐私法》于1974年实施，它规定任何人都可以查看联邦政府保存的有关他们本人的材料。《隐私法》从反面界定了哪些领域属于保密的范围，使信息公开制度更加具体、更具操作性，它既防止了公民滥用权利，又防止了行政机关以自由裁量权为由拒绝公开信息。1995年的保护个人隐私权类政策立法的《美国个人隐私与国家信息基础设施：白皮书》，重点在于保护信息资源开发和利用过程中所涉及的个人隐私权，努力为美国创造一个全国乃至全球性的保护个人隐私安全的良好环境。

中国信息公开政策法规。转变政府职能、实现政务公开是我们实现与世界接轨的需要。电子政务的建设，尤其是电子政务的政策法规建设是信用体系建立和发展的前提。一些学者认为，1982 年宪法中的人民主权原则及其他条款规定中推导出我国人民享有知情权，并认为在我国其他现行法律如《行政程序法》、《消费者权益保护法》、《档案法》、《统计法》、《保密法》、《反不正当竞争法》中都涉及政府信息公开问题。②《中华人民共和国政府信息公开条例》产生于众多的部门规范性文件、地方性规章法规的基础之上，这部行政法规中吸纳、蕴含了地方立法的宝贵精华。

上海的政府信息公开做得最有代表性。2004 年 5 月 1 日颁布的《上海市政府信息公开规定》就明确列出了应当主动公开的政府信息范围、必须公开的重大决定草案、免于公开的政府信息范围，同时还明确了公民的信息公开请求权；而且表现在有关组织实施部门、责任机构、年度报告等的规定当中；同时，该规定对政府信息公开过程当中的所有问题都做了非常明确而具体的规定。2007 年 4 月 5 日，国务院发布《中华人民共和国政府信息公开条例》，并已于当年 5 月 1 日起施行。条例秉持"公开是原则，不公开是例外"的理念，对信息公开的范围、程序、救济途径等作了具体规定。以依申请公开信息的时限为例，条例规定，政府部门须在接到申请后的 15 个工作日内给予答复，若该信息需进行比较复杂的处理，可适当延期，但最迟不得超过 30 个工作日。同时还为申请人提供了三种救济渠道，即申诉、行政复议和行政诉讼，并对信息公开过程中的监督、责任追究等作了具体规定。推行政府信息公开，是提高科学执政、民主执政、依法执政能力和水平，构建社会主义和谐社会的必然要求；是推进社会主义民主，建设法治政府的重要举措；是建立行为规范、运转协调、公正透明、廉洁高效的行政管理体制的重要内容。政府信息公开也是我国电子政务服务的重要内容，《政府信息公开条例》使得电子政务在推进政府信息公开服务方面有了法定依据，因此该条例实际上成了我国电子政务的一部非常重要的行政法规。至于个人隐私权保护方面，则分散见于各法规和规章之中，如《关于维护互联网安全的决定》、《计算机信息网络国际联网安全保护管理办法》等。

中美信息公开政策法规比较分析。从时间上看，美国制定相关政策法规较早，而中国相比较而言则较晚；此外，在时间顺序上我国地方政策法规的制定走在了国家的前头。从体系上看，美国从信息公开到隐私权的保护，比较详尽地囊括了信息安全的各个方面；而我国的相关政策还未形成一个有机互补的整体，特别是在公民个人隐私权保护方面，还没有专门系统的隐私权保护政策和法规。从广度上看，美国在国际信息资源的开发和利用过程中涉及的越境数据流的保护、大众传播媒介的"控制"与"反控制"、私人信息越境流通的隐私保护等问题，是近年来美国政策研究的热点问题；而我国目前的重点还是在国内信息公开与保护上。从深度上来看，2007 年 4 月 24 日颁布的《政府信息公开条例》虽属于行政法规，其虽是电子政务向纵深发展的必要条件，但同样也因为它是行政法规，从而不具有要求人大、法院、检察院提供信息公开的法律效力，因此其对于推动信息公开范围的作用是有限的。

二、中美信息安全政策法规比较

电子政务的信息安全由于直接涉及国家机密信息的保密问题，对各国来说都显得十分重要。它主要包括电子政务体系中各层面上的安全、电子政务系统中维护的安全以及证书中心的安全和安全技术与产品的安全。

美国信息安全政策法规。早在 1965 年，美国总统行政办公室就发布内部通知，要求保护计算机安全。随着电子政务的兴起，一系列信息安全标准政策的出台更是成为美国电子政务建设的一大亮点。美国通过出台标准和指南相结合的方式，规范政府部门信息安全管理。大部分已出台的文件都是指南的性质，并不具强制性，为政府部门提供了实施的思路和方法。主要有《联邦雇员和合同商个人身份认证标准》、《资金计划和投资控制过程安全整合指南》、《联邦信息系统安全控制建议》、《联邦信息系统安全控制评估指南》等。同时，美国《联邦信息安全管理法案》认为，联邦政府存在信息安全隐患的最根本原因是缺乏有效的信息安全管理规划。基于此，美国《联邦信息安全管理法案》要求政府建立一套全面的信息安全控制管理框架。不仅如此，考虑到各个机构在信息安全管理规划方面难免出现漏洞，美国《联邦信息安全管理法案》制定了一套完善的评估机制，包括部门定期自检以及管理和预算办公室、国家标准技术研究院以及其他独立机构的评估。《联邦信息安全管理法案》要求美国联邦政府各个机构的信息安全报告包含如下信息：风险评估情况、政策和流程、个别系统的安全规划、相关培训情况、年度测试和评估情况、采取的对策、信息安全事件报告以及运行连续性。

美国的评估机制保证了部门领导在意识上定期关注各自部门的信息安全，又使得他们有能力全面深入了解本部门信息安全。这样，既提高了部门领导对信息安全的重视程度，又提高了各个部门发现、报告和共享信息安全隐患的能力。

中国信息安全政策法规。我国已颁布相当数量的信息安全方面的法律规范，如《关于维护互联网安全的决定》《中华人民共和国计算机信息系统安全保护条例》《计算机信息网络国际联网安全保护管理办法》等，但现有法规立法层次不高，大多只是国务院制定的行政法规或国务院部委制定的行政规章，法律规定之间不统一，立法理念和立法技术相对滞后，还缺乏关于电子政务网络安全的专门法规。《2005 中国信息化发展报告》指出，要抓紧制定信息安全等级保护的管理办法和技术指南，建立信息安全等级保护制度，加强信息安全法制建设和标准化建设。在标准法规、技术指南方面，我国政府应将主要精力集中在信息安全等级保护方面。中国十分重视电子政务信息安全保障，提出了国家信息安全战略，初步确立了信息安全管理体制和工作机制，制定了密码保障、电子认证、等级保护、风险评估和应急灾备等办法和相关标准。信息安全基础设施建设与互联网安全管理得到加强，信息安全技术的研究和产业化取得明显进展。

中美信息安全政策法规比较与分析。信息安全不仅仅是技术方面，它同有效管理、安全等级统一、安全信息共享等体制规范有机联系在一起。美国的政策法规就将有效管理与安全信息共享有机融合在其信息安全政策法规里。而我国在这方面还有所欠缺，同时要把握安全与开放的平衡，一方面，要把握住哪些信息是政府机密，哪些是可以开放的；另一方面，在电子政务平台的建设过程中要摆脱"安全绝对化"倾向，采取科学评估、科学管理的安全系统平衡这一矛盾。因此应贯彻"积极防御，综合防范"的方针，明确电子政务的安全标准、具体规则以及对违反者的惩戒措施。对政府信息网络安全保护的操作标准做出统一规定，着重从制度层面完善政府部门信息安全法规建设，对不同政府部门的数据安全和保密信息筛选制度以及信息认证等制定专门的法律法规，全面提高信息安全的防护能力。

三、美国电子政务政策法规对我国的启示

美国的电子政务建设对美国的社会、经济的发展产生了巨大影响，电子政务政策法规在其中所起的作用可以说是至关重要。因此，在我国电子政务进入快速发展的新阶段，更好地借鉴美国的成功经验，对如何准确和合理制定我国电子政务政策法规有很大助益。

政策规划先行。电子政务的政策规划是电子政务建设得以顺利实施的前提条件，是电子政务健康发展、良性运作的基本保障。国家要制定宏观的发展规划，加强对电子政务的研究、规划和组织协调。并根据国情，制定切实可行的阶段性目标，努力贯彻落实。在我国可由国家信息化领导小组统一领导，组织中央政府和地方政府的电子政务的研究、规划、实施，发布国家电子政务实施纲要，制定统一的电子政务实施规范，为全国电子政务的开展提供指导。同时，要注重电子政务发展规划的可操作性。虽然中美两国都十分重视政策规划的制定，但是美国的政策规划通常很具体，将建设过程中能够考虑到的问题都进行了充分论证，提出合理的预案，可操作性极强，因此这种规划实施效果明显。中国的政策规划则具有宏观性的特点，比较缺乏可操作性，用这样的规划实践，难免会因各自对政策理解的不同而出现偏差，甚至造成混乱。因此，我国在制定电子政务政策规划时，应注意使规划切实可行，真正起到指导实践的作用。

强化政策法规执行机构。美国发展电子政务的经验表明，电子政务建设需要强有力的领导和协调。不管采用何种形式，承担部门的权威性应该得到保证。只有统一协调的组织领导，才能提出明确的电子政务发展目标和宏观规划。③由于电子政务和信息化被赋予太多的功能，因此其管理机构必须要在一级政府中具备相应的地位与协调、指导能力，它不应该还是原来那种仅仅应付事务性工作的非职能性机构。

充分考虑国情和发展阶段。由于各国的国情不同，虽然对电子政务发展的目标一致，但达到目标的政策法规却不尽相同。必须充分考虑本国的社会、经济、政治、技术和文化背景，确立适合本国发展的信息政策法规模式。电子政务作为一项社会系统工程，其实质是把某一层次的技术或某一系列的新技术全面应用到社会生产和生活的各个层次，而这一工程成败的关键就在于这种应用推广的条件是否具备，环境是否成熟。也就是说，电子政

务系统工程的涉及面极广，所以所需的条件是多方面的，要求的环境也较复杂，除技术的成熟度、可靠性外，社会的认可程度、资金的支持与供给的力度与稳定性、管理机构的参与和支持、基础设施的完善程度等各方面的因素都是十分关键的，会直接影响到这一系统工程能否推进。而尽快创造这些方面的软硬件社会环境的着眼点往往就是快速地颁布各项相关政策法规。反过来，完善基础环境，创造有利条件，促进发展也就成为政策法规的首要目的。从世界各国发展电子政务的经验来看，电子政务一般都要经历 3 个阶段的发展过程，即从建立网络系统、网上单向信息公布到与用户双向交流，再到资源共享、整合与服务的阶段。根据 2006 年电子政务蓝皮书《中国电子政务发展报告 N0.3》的定位，我国电子政务发展仍处于初级阶段，因此我国在建立电子政务政策法规体系时，就应按照发展阶段的不同有所侧重，最后构建起比较系统完整的政策法规体系。

完善我国电子政务法制建设采取的措施。实施依法治国方略，推动依法行政是中国电子政务的重要目标之一。电子政务的构建过程实际上就是政府管理从人治走向法治的过程。因此，电子政务的生存和发展都离不开法律，而我国相关的法律法规又相对滞后，所以完善我国电子政务的法制建设就显得非常必要。为更好的完善和发展电子政务，其相关法律法规应当完善，并统一于电子政务法体系，该电子政务法是新兴的以行政法为基础的跨部门的法律领域。借鉴美国的相关经验并结合我国的实际，我国电子政务法应当主要由以下部分组成：电子政务基本法。主要是关于实施电子政务的行政主题以及实施电子政务行为的程序的法律法规。电子政务技术法。主要规范现代信息技术在行政中应用所产生的技术性法律问题。

综上所述，电子政务是一种新兴的政府运行模式，是信息技术发展带来一种崭新的行政实践。中、美两国作为当今世界具有代表性的两大国家，向着积极推进电子政务的方向发展。总体而言，美国的成绩更为突出，"他山之石，可以攻玉"，美国在电子政务方面的经验和教训值得学习和借鉴，要符合我国的国情，在完善电子政务及相关法制建设上也要有中国特色。

第九章　组织信息管理

第一节　企业信息管理

信息化是高度应用信息技术，高度共享信息资源，以至于使得人的潜能智慧以及物质资源被充分发挥，令个人行为、决策能力以及组织运行逐渐趋近于合理的理想化状态。信息革命迅速发展，随之出现了"信息管理化"，信息资源管理和利用是现在受到人们的追捧，旨在为自己、为企业、为社会创造更大的财富。

一、企业信息化的必然

企业是信息化重要载体，面临着巨大的机遇和挑战。信息管理平台可以加快信息储存速度，提供数据的支持，促进企业决策进程，并且可以将信息共享到全球。所以企业信息管理已经成为必然。

二、企业信息管理实质

（一）企业变革过程的管理

改变企业的发展模式，进行信息管理，就意味是变革。企业在变革过程中管理显得尤为重要。首先，要有正确的变革目标，有正确良好的导向是前提条件。其次，是重要的领导核心，更新领导方式加强对信息变革，企业变革的重视程度，提高变革的有效性。再者，激励支持员工创新，为企业的发展提出"金点子"，创建全员参与的局面，共同奋斗为企业创造更大的财富。

（二）企业运作管理

对于企业而言，效率、效益是重要的问题，运用信息化进行管理是现在社会标志，也是提高市场竞争力的手段。建立多维的管理系统，对信息进行分析处理，从不同的角度进行参考，促进企业的高效运作。一个企业信息管理系统的成功与否在于其是否能够成为企业争取到竞争优势、提高企业的业绩、创造新的发展思路以及促进企业与外部各方面的沟通联系。

（三）信息技术、资源以及信息化实施的管理

技术、资源、管理是企业信息管理的三要素，一个做不好就不会给企业带来巨大的效益。信息技术上的选择、信息资源的利用、后续系统的管理缺一不可。选择适合的信息技术创建成熟的信息系统，将社会上的各种信息资源进行分析处理，进而在企业实施运作时起到良好把控作用，实现企业的利益最大化。

三、当前企业信息管理普遍存在的问题

（一）软件选择的盲目性

需求的出现就意味着杂乱市场的出现。信息管理的热潮不仅影响原有企业，同时也增生各式的信息软件，现在软件市场上较为混乱，鱼龙混杂。在软件的选择与投资上企业存在盲目性，普遍企业不能选择适合自己发展的软件类型。并且软件供应商的经营模式使软件的选择上更加困难。企业在没有完全了解一款产品时就下手，造成软件本身的浪费以及企业资金的浪费，更重要的是对企业发展的延误。

（二）内部信息的虚假

这个问题可能大家都很避讳，但却现实存在的。企业之间各个部门的分工不同，每个人都想表现自己优秀的工作能力，能够得到领导的重视赞赏。一个企业中一旦有些部门进行虚报夸大，就会对整个企业的信息处理产生巨大的影响，进而影响企业的发展决策。加强对企业的管理，杜绝此类现象的发生时信息管理的重要保障。

（三）领导者对信息管理认识缺乏

领导者作为企业发展的核心地位，其思想与态度是影响企业发展的重要因素。因为企业信息管理是新兴的模式，一些企业的领导者在接受时难免会产生抗拒性，或者缺乏长远的眼光来看待问题，产生急功近利的心态。一旦产生问题就丧失信心与兴趣，甚者另谋他路。究其根本是领导者对于信息管理的认识的缺乏，应该耐下心来考虑信息管理的本质，不断汲取成功企业的经验，为本企业带来更大的利益。

（四）资金问题

企业进行信息管理目的是为了更大的财富，但是前期的投资也很重要。对于中小企业来说，资金也是不容忽视的问题，信息的不断变革，更是加剧这个问题。中小企业没有大型企雄厚的实力为自己投资买单，并且软件企业对于中小企业的重视度较低，不能及时对中小企业的发展提出建设性的意见，随着企业信息管理进程的推进，需要的投入就会更大，资金就成了更大的问题。

（五）环境问题

市场的发展离不来政府国家，现在国家缺乏对信息管理这方面的引导与支持，并且没有制度保障，缺乏相应的法律体系。另外，信息的千变万化，致使很多企业认为目前并不是投入信息管理的最佳时机，但也无法预测未来的发展，总在纠结中等待。

四、应做出的改变

（一）充分了解软件市场做出正确选择

软件市场的混杂不能成为企业停滞不前的借口。企业应该快速反应并及时做出调整。安排专门的人员对软件进行深入了解，同时要加强对自身企业的认识，找到适合自己发展的软件与道路。不要盲目追随热门，适合才是关键。

（二）加强企业内部管理

企业进行信息管理之前要做好充分调研工作，明确本企业的发展目标以及理清内部各部门之间的联系，哪些部门之间的信息存在共享，哪些需要与外界进行联系，哪些信息需要保密等。找到制约企业发展的因素，同时从其他企业信息管理过程中吸取经验与教训，为自己带来更大优势。

（三）消除误区，提高远见

领导者对信息管理能够深入了解并足够认识，不单纯是为了赶潮流，而是确确实实为了企业的发展。不是简单的跟进几个项目，或者置办几台机器就可以做到的。克服社会上长期的重硬件轻软件的思想，从基础数据、基础流程、基础程序做起，稳中求进。

企业要想获得刚好的发展，进行信息管理已经成了必由之路。信息管理是一个综合性强并且复杂的工作。各个企业要有深入的了解以及较大的辨别能力，能够在千变万化中找到适合自己企业发展的道路，减少盲目性，提高耐性与专业性，使自己的企业走向更远的未来。

第二节　商业信息管理

我国现代化社会的发展，使电子商务迅速崛起，这也使我国商业全面进入了智能化时代。越来越多的企业开始关注智能信息系统，并希望将智能信息系统应用于项目管理中，以此促进企业服务升级，提高企业产品销量，使企业能够获得更高的经济效益，并在激烈的市场环境中占得一席之地。现如今，基于商业智能的信息系统已经成为决定项目成败的关键，对基于商业智能的信息系统项目管理进行深入的研究，对于我国商业领域的发展来说，有着十分重大的现实意义。

一、商业智能概念及其信息系统体系结构

（一）商业智能概念

所谓商业智能，是企业为了获得更多的经济效益，通过相应技术手段、程序及设备的运用，对有价值的数据进行挖掘、整理、分析与处理，使用户能够访问这些价值数据，从而为用户的经营发展提供可靠的决策与指导。智能化操作是对数据进行输入、输出及处理等操作，通过这些操作，可以节约大量的人力物力，而且智能化操作可对大批量的数据进行准确分析，进而实现科学决策。在商业智能中，主要涉及的技术包括云计算技术、大数据技术以及互联网技术等，通过这些技术可对海量的数据进行短时快速运算，从海量数据中找出潜在的规律。

（二）体系结构

在基于商业智能的信息系统中，其主要分为数据仓库、数据备份与存储、数据还原及挖掘、数据处理及在线分析等多个组成部分，正是这些组成部分所具有的功能，使基于商业智能的信息系统能够从海量数据中快速挖掘到有价值的数据，清除冗杂和无用数据。信息系统可实现数据转换，并将转换后的价值数据存储至数据仓库中，通过数据挖掘及分析工具的利用来对这些数据进行深度的分析与处理，从而为企业的发展提供相应的决策依据。基于商业智能的信息系统在体系结构上是一种层层递进的形式，这种体系结构可对数据进行相应的筛选和处理，从而获得企业所需的价值数据，使其能够为企业的决策提供参考。

二、基于商业智能的信息系统项目管理途径

1. 基于商业智能的信息系统项目管理内容

在基于商业智能的信息系统项目管理中，主要涉及以下方面的内容：其一是进行项目立项管理，结合市场的发展动向，明确信息系统的未来研发方向；其二是对项目管理中的资金进行管理，使项目在研发过程中能够有足够的资金支持，明确资金的利用途径；其三是对项目中的发展绩效及信息资源进行管理，使项目在运营过程中的各类资源得到合理配置，力求取得最高的发展绩效；其四，对项目的安全及日常维护进行管理，运用全周期管理理念，对项目风险进行科学的评估与预防，防止项目失败给企业造成不必要的损失。

2. 加强制度建设，落实管理责任

在基于商业智能的信息系统项目管理中，应将智能信息系统作为项目管理中的核心，对项目资金、信息、安全、运营等多个方面实施专项审计调查，及时发现项目管理中存在的问题并予以及时的解决。为全面推进我国商业领域的智能化发展，我国政府需要加强相关制度建设，实施集中化归口管理，明确具体的主管单位，出台项目管理信息化统筹方案，

落实管理单位的相关责任，并成立信息化领导小组办公室，由办公室主导项目的审核、监督、协调及验收等环节。

3. 做好项目成本管理工作

在基于商业智能的信息系统项目管理工作中，成本管理是其重要内容之一，企业需要结合自身的管理优势，将成本管理理念融入具体的项目管理工作中，以全过程视角，从项目的经济性管理、招投标管理、成本管理及合同管理等多个角度来制定具体的成本控制措施，加深信息系统的认知水平，掌握项目管理中成本管控的关键节点，并参考专家建议，结合项目管理实际情况，以此更好的解决项目中遇到的实际问题，使项目成本管理工作得到有效的开展和落实。

4. 加大项目资源整合力度，增强各类资源共享性

在基于商业智能的信息系统项目管理工作中，要想使信息系统的价值得到最大限度的发挥，就必须要加大项目资源的整合力度，增强项目中各类资源的共享性，应建立专家立项及验收论证机制，积极运用大数据平台来进行项目管理的信息化建设，使项目资源能够在大数据平台中进行互联互通，以此确保信息基础设施得到有效的利用。同时，还要组建由多名专家共同参与的项目评审库，对项目评审规程进行规范，采取专家验收制，对项目实施中的法律法规及相关资料等进行重点检查，实现对智能信息系统项目的科学化管理与统筹。

5. 建立项目管理风险评估机制

在基于商业智能的信息系统项目管理工作中，还要建立项目管理风险评估机制，通过该机制的建立来规避项目开展过程中存在的风险，降低各种不良风险给项目带来的不利影响。通过对现有大数据平台进行不断创新，积极运用现代化技术手段来设计信用风险预警系统，还能帮助用户及时发现项目管理风险，提高用户对项目风险的识别效率。

总而言之，在科学技术的带动下，商业在我国经济发展中正起到越来越重要的支撑作用。在新时期背景下，以信息化技术为依托，积极推动我国商业领域的智能化发展与转型升级，必将进一步促进商业智能信息系统的开发与应用，从而大幅提高企业的项目管理水平。

第三节　政府信息管理

近年来，网络反腐、网络问政等与政府相关词汇的高频出现，说明了互联网技术已经深入地影响并改变着我国政府的日常管理，尤其是信息管理。传统的政府信息管理以红头文件的形式在政府系统内部部门和层级间进行信息的传递，对外则由政府直属的新闻宣传机构发布官方信息。政府绝对把控着传统媒体，如报纸报刊、广播、电视、宣传栏等，是整个社会最大的信息拥有者和控制者。

随着互联网和信息技术的使用与普及，我国各级政府顺势走上了电子政务、政务微博、微信之路，传统的"一言堂"政府已瓦解于互联网和信息技术的强大攻势之下。截至2016 年 7 月，全国主要政府网站的搜索引擎总收录数为 63 786.3 万个，其中部委级政府已有 1 857.2 万个网页，省级政府已有 832.1 万个网页，地级市政府已有 5 361.5 万个网页。截至 2016 年 9 月 30 日，微博平台认证的政务微博已达到 162 118 个，其中政务机构官方微博有 123 208 个。就我国政府网站和政务微博的创建数量看，其整体规模庞大，使我国政府信息管理已经与网络技术、信息技术高度结合。纵观我国信息化建设的历程，不难发现，政府管理在享受新兴技术带来的利好时也受其掣肘，时常进退两难。

一、互联网时代我国政府信息管理存在的困境

（一）信息传播快捷与政府行动迟滞的困境

信息具有时效性和价值性，迟滞的政府信息是没有价值的明日黄花。传统的政府信息要通过严格的送审程序，经过政府部门的加工处理才能对外公布。尚不论其长时间的审查损害了时效性的价值，就信息的真实性也频频被质疑。新媒体以数字化的方式快速传播信息，打破了信息传播的时空限制。自媒体使人人都是信息源，有随时发布和获取信息的能力，信息不再被关在政府的"牢笼"中。网络空间的虚拟性使大量信息越过政府部门的审查、审批，在第一时间直接呈现给了公众，让公众能更加直观、真切地感受和判断。2015 年 2 月 28 日上午，人民网发布了《柴静调查：穹顶之下》的专题片和柴静的专访。当天中午，《穹顶之下》视频上线腾讯、优酷、乐视、爱奇艺等各大视频网站，引爆公众对雾霾问题的高度关注与讨论。截至 2015 年 3 月 1 日 12 时，在网络视频平台的播放量已突破 1.17 亿，成为 2015 年首个传播最广、影响最大的现象级视频。新媒体与自媒体的信息传播速度与传播量呈几何倍数增长，传统媒体或政府网站皆难以企及。

近年来，我国政府网站和政务微博、微信平台的创建数量与日俱增，整体规模庞大。但是不同系统的政府部门的网站规模差异较大，行业收录失衡，多数网络平台信息长期停更，"僵尸网站"横生。网络平台的信息服务和互动功能被束之高阁，政府主动放弃了信息传播的前沿阵地，逐步丢失了话语的主导权。尤其是在处理公共危机事件时，依然采取原始的瞒、堵、截的方式，导致政府信息传播迟滞，引发群众恐慌。2014 年 4 月，甘肃省兰州市政府公布自来水苯超标信息比当地媒体晚了 6 个小时，导致当地民众出于恐慌心理大量抢购瓶装水，扰乱当地正常的市场秩序与社会秩序。当政府未能履行好信息传播职能时，社会媒体便会自发出声，抢占社会舆论的主导地位。

网络空间为公众提供自由发声和信息快速传递的平台，也为网络谣言和流言的滋生提供肥沃的土壤，引发了网络信息传播的失控。社会舆论若只是在街谈巷议中存在，力量是有限的，但若通过某种媒介表现出来，效果就会成倍的放大。面对野蛮生长的网络谣言，政府部门多是以简单粗暴的方式应对，如采用删除、屏蔽、设置权限等方式强硬阻断不实

信息的扩散。放任谣言会带来群体性的恐慌，迟滞的政府信息回应会加大民众的怀疑。2009 年湖北石首事件、2011 年日本核辐射谣言引发的抢盐风波都是对谣言回应不及时而引发的群体性事件。就目前情况来看，我国政府信息的回应是迟滞的，且回应能力较弱。

（二）信息弥散与部门分工的困境

弥散是一个物理学概念，是指分子无规则的布朗运动，运动方向是随机的。信息弥散是指信息无边界、不受束缚，是一种不规则的、高复制程度的传播、扩散的过程。信息借助网络空间平台和传播工具扩展其流动的时间和空间距离，加剧其弥散程度。政府信息化建设要求各级政府对政府信息进行数字化管理，便于存取，提高办公效率和信息共享。传统的官僚制政府部门专业化分工，各级地方政府、政府各部门之间往往各自为政，出于自身利益的考量，其总是从各自专用的业务网的信息需求出发，采用不同的软件和标准建立数字信息，最终将形成的数字档案存储在部门内部的服务器上。大量重复性的建设，浪费了政府资源，且政府信息无法进行内部的流通、共享，其他部门查询需要付费。政府信息被封锁在了各部门中，形成了一座座的"信息孤岛"。就目前而言，"信息孤岛"问题已经成为制约我国政府网站发展与网络治理的重要瓶颈之一。政府信息日益成为部门的私有权力，难以有效共享与流通，显然与政府信息化建设的初衷相违背。

（三）政府信息化建设与信息安全的困境

2015 年我国信息化投资总额达到 603.1 亿元，增长 5.4%，增速较 2014 年有所放缓。经过二十余年的发展，我国政府信息化建设的基础硬件和软件设施都得到极大程度的丰富和提高，但不容忽视的是，伴随着高速信息化建设而产生的政府信息的安全隐患。

我国政府信息化建设所需的大量基础硬件设备和软件应用大多从国外引进，其知识产权大部分不予转让，核心技术始终掌握在他国手中，国内信息安全的命门也被他国掌控。2015 年爆出多个涉及基础软件的高危漏洞，包括 Juniper Networks ScreenOS 后门漏洞、Java 反序列化远程代码执行漏洞等。这些基础软件广泛地应用在我国基础应用和通用软、硬件的产品中，基础软件安全隐患广泛存在。CNVD 统计发现，电信行业漏洞为 657 个，其中网络设备（如路由器、交换机等）漏洞占 54.3%，网络设备安全风险依然较大。据监测，2015 年我国境内约 5 000 个 IP 地址感染窃密木马，针对我国实施的 APT 攻击事件不断曝光。2015 年 7 月 Hacking Team 公司信息泄漏事件，这些都揭露了泄密和安全运行的威胁长期存在于我国重要的信息系统，形势日益严峻。2015 年，CNCERT 通报了涉及政府机构和重要信息系统部门的事件型漏洞近 2.4 万起，约是 2014 年的 2.6 倍，呈持续增长趋势。CNCERT 抽取调查发现政府部门系统漏洞月修复率仅为 52.7%，部分通报漏洞未及时修复验证，修复进度未跟上步伐。由此可见，我国在高速信息化发展的同时，政府信息安全也正受到各种硬、软件漏洞和恶意攻击的威胁，安全隐患长期存在。

二、互联网时代我国政府突破信息管理困境的对策

（一）政府信息管理要以速度破困

（1）即时更新政府网站、微博、微信平台的信息，主动运用新技术工具及时传递政府信息。真正激活政府网站和各大政府公众号的信息服务与互动功能，清除"僵尸网站"和公众号。用最快的速度向公众及时、准确地传递更丰富多元的政府信息，重塑政府公信力。

（2）完善新闻发言人制度，建立一套更高效、更完善的信息回应机制。培养政府官员的信息公关意识和能力，提高政府对不良信息的回应和处理能力，彻底抛弃以往简单粗暴的瞒、堵、截的方式。在第一时间用最真实的信息来攻破一切谣言，避免因政府信息回应不及时、不到位而发生的公共事件。

（二）打破政府部门间的信息封锁

1.变革政府组织结构

政府组织网络化是信息社会政府组织结构改造的必然趋势，也是打破政府"信息孤岛"的一种有益尝试。建立网络化的政府组织结构，打破部门间传统的分工隔离。网络化的组织结构能够形成政府部门纵横交错的信息沟通网，政府信息可通过多种渠道和方式进行交流、共享，破除"信息孤岛"的现象，消除政府信息使用和传递的边界限制。

2.建立部门信息交流、共享机制

首先，对政府信息进行定期的部门信息的交流与沟通，打破政府部门间信息封闭的状态，消除政府监管的漏洞。同时也可规避政府信息部门的私有化，形成内部监督与制约的机制。其次，建立部门间信息交互使用记分制，实现部门信息的共享、共用。例如，工商局与税务局要时常向对方查询信息，则可在每次使用对方信息时进行记分，到年终比对积分进行抵扣，实现部门间信息有效的共享，也可避免部门间信息查询收费的矛盾。

（三）使政府信息化建设与信息安全和谐发展

1.走自主研发的道路，掌握核心技术

要从根本上摆脱对国外信息技术的依赖，寻求政府信息安全，必须走自主研发、创新的道路。我国已有一些技术创新型的"领头羊"的企业，包括联想、华为、中兴等。这些企业近年来都有较为快速的发展，有望尽早实现我国政府计算机产品和网络的国有化。2014年5月16日，中央国家机关采购中心发布通知，政府部门的计算机类产品的采购一律不准安装Windows 8操作系统。此举为国产软件提供了极大的发展和上升空间。目前，政府采购的很多产品都已经安装了麒麟Linux等国产操作系统，国产软件有望成为政府各部门保障信息安全的重要组成部分。

2. 政府内部树立安全意识，组建一支专业的技术人员队伍

政府工作人员只有真正认识到信息安全的重要性，才会在日常工作中保持警惕，也才能够促使各级政府对部门系统漏洞进行及时修复，消除政府信息系统的安全隐患。专业技术人员的储备和培养，能够及时、有效地解决政府内部的技术性问题，提高政府信息安全管理的水平，加强信息系统的安全维护。

第四节　公共事业信息管理

伴随互联网的出现和普及，人们正式步入了信息技术时代，信息技术也逐渐变成人们学习知识、了解新闻、掌握社会动态的重要方式。在新公共管理发展过程中的组织重构、管理流程重组、行政监管、政府决策等方面信息技术的作用逐渐凸显。怎样利用信息技术来优化政府结构，再造管理流程，提升政府公共管理的成效，适应世界经济一体化与信息网络化的需求，已变成全球政府高度关注的问题。在信息技术环境下，公共事业管理信息化发展已成为必然的发展趋势。基于此，本节中将主要围绕信息化环境公共事业管理的发展路径进行探索和思考。

一、中国公共事业管理的信息化发展

信息化是指培养、发展以计算机为主的智能化工具为代表的新生产力，并使之造福于社会的历史过程，应用信息技术以后，能够大幅提升社会活动的效率，有效促进人类社会的事业发展。

在国内公共事业管理领域，信息技术的应用历经了下述几个时期：

（一）起步时期（1999 年初至 2002 年）

信息技术在公共事业管理领域的应用开始标志是：1999 年中国电信与国家经济贸易委员会经济信息中心联合启动了"政府上网工程"。由此，揭开了我国公共事业管理领域应用信息技术的序幕。这项工程的启动目的在于促进各级政府机构加快信息化建设。在这项工程的促进下，政府网站快速增多，电子政务有了很大程度的发展。

（二）发展时期（2002 年至今）

2002 年，信息技术开始融入宏观经济机制的运行中，融入社会改革历程中，融入微观企业经营中，是公共事业管理领域应用信息技术取得突破性成就的一年。从 2002 年开始，信息技术步入了策略取胜时期，不管是在大政方针、理论抑或在实际运用方面均有了重大发展。国务院信息办公室提出，政府信息化工作的重心是"三网、五库、十二大系统"的电子政务建设。

总之，目前国内各省份地区的公共事业部门均认识到了信息技术对公共事业管理的重要性，但是由于重视程度或者人力、财力、物力等方面的投入不足致使信息技术在应用过程中出现了一系列问题。在新形势下，探索公共事业管理的信息化发展路径已然成为重要课题。

二、信息化环境下公共事业管理的基本特征

在当今时代，互联网与信息技术作为现代化生产力，推动着经济的增长，社会的前进，影响着国家的国际经济与政治地位。信息化环境下公共事业管理的基本特征体现在虚拟化原理、柔性化管理以及智能化管理三个方面，具体如下：

（一）虚拟化管理

虚拟化管理不具有公共事业管理的外显形式，但是具备公共事业管理的实质。虚拟化大大增大了公共事业管理机构的灵活性，在很大程度上减少了公共事业管理的开支，并且还有助于公共事业管理部门进行社会资源的优化。公共事业管理虚拟化最根本的价值是可以提升竞争实力与部门和部门间的合作水平，各个部门依据本部门的管理职责，共同构成一个整体，在虚拟空间各种发挥自己的优势，构成虚拟的公共事业管理能力。

（二）柔性化管理

柔性化管理相对于传统的刚性管理更易于被接受，且日渐受到公共事业管理部门的高度重视。而实现刚性管理与柔性管理的有机结合也成为当下管理领域的主流管理模式。在信息化环境下，公共事业管理部门的柔性化管理特征集中体现在：公共事业管理部门对于社会环境和本身的变革，可以及时反应、及时决断、及时采取措施。可以理解为在公共事业管理的各项工作过程中、工作人员的管理能力以及组织结构均有较大灵活性，可以灵敏地嗅到变化的气息且做出及时反应，其典型特征是灵敏性、适应性。

（三）智能化管理

伴随着信息技术的高速发展，简易化、智能化已经成为各个领域发展的主要趋势。对公共事业管理而言，在信息化时代下智能化管理也必然成为主要的发展趋势。人们能够即时共享各类信息，让管理者可以依据新动态第一时间采用有关举措。例如，把现有的各个时间模型输入信息平台，平台可以依据有关标准，采用相对应的方法，实现人机交互的工作形式等。

三、信息化环境对公共事业管理的影响

目前，公共事业管理的信息化发展速度正日益提升，并对其机构及其组织方式产生了极其深刻的影响：

（一）组织表现方式呈现扁平化趋势

信息环境对公共管理组织结构的渗透，将会使目前的金字塔型组织结构逐步转化为扁平化组织结构。这一结构的重大转变将进一步实现信息之间的共享，使得部门之间的合作更加紧密。同时也有助于实现权力的分散和民主化决策的进程。扁平化组织管理结构是信息技术发展过程中产生的一项重要理念，更加适应了信息时代组织部门的个性化需求。

（二）管理的权力与结构进一步分散

在传统公共事业管理模式下，管理的权力与结构主要为控制型，而在信息化环境下，管理的权力与结构逐步转变为分散型。这样一来，公共管理的决策权与执行权将不再混为一体，从而有助于各个部门系统机动灵活地应付复杂多变的管理情况。同时，管理的权力与结构的进一步分散，有助于还权于基层管理人员或群众，让基层管理人员或群众通过信息化途径参与公共事务的管理，进而推动公共管理民主化的进程。

（三）管理结构呈现交互式发展

在信息化技术的支持下，基层管理部门可以利用信息化渠道对上级的公共管理决策进行实时意见反馈，同时各基层管理部门也可以就各自的执行情况进行沟通联络。这样一来，就形成了上级决策部门与基层执行部门、基层执行部门与其他执行部门之间的交互式决策管理模式。

高职院校从事跨语言文化教学的教师很多不具备跨文化背景和交流经验，深入开展跨文化教学时显得力不从心，有些教师在处理跨文化教学上缺乏一定的经验、方法和技巧。

四、信息环境下公共事业管理信息化途径

步入 21 世纪以后，我国政务信息化建设逐渐增大建设力度，电子政务变成了调整政府效能、提升行政速率、促进政务"阳光化"的重要手段。各级政府机构依托信息技术，提升政务公开水平，推动信息交流，提升了办公效率，改进了公共服务质量，增快了政府转型步伐。因此，政府部门必须要进一步加强观念的转变。

首先，明确推动公共事业管理的信息化发展已经成为公共事业管理改革的重要内容。作为公共事业管理的实践者，政府机构需依托信息化来确保大政方针的科学性。而政府行政事务处理效率的提升也需要依托对信息技术的科学应用。

其次，政府在知识经济时代下追求自身改革创新是必然选择。政府面临世界经济一体化、全球信息化、金融全球化、产业信息化为显著特点的互联网经济的严峻挑战，信息技术为政府转型奠定了坚实的技术基础，政府有关机构应当科学认知信息技术在提升行政办公成效方面的重要性，有效应用信息技术为群众提供更高效、更便捷、更优质的公共服务。

信息资源的开发是保证公共事业管理信息化实现的重要基础，而信息资源的开发依赖于信息投入的增强。因此，应当增强信息化投入的力度，重点推进信息资源开发。

（1）增强信息化投入的力度。为促进信息化的全面发展，各级公共事业管理机构应积极打造优良的服务体系与制度环境，增大信息化投资力度，从根本上解决信息化发展资本缺乏的问题。在加大资金投入的同时，应实现与人才投入、技术投入之间的有机结合，夯实公共事业管理信息化的软硬件条件基础。

（2）重点推进信息资源开发。信息资源的开发包括信息的收集、整理、优化和利用。基于建设完成的管理信息化软件，全方位优化管理信息资源，增强系统剖析与运用，为科研单位的研究活动与管理战略的确定提供依据。当前积累的海量信息已变成公共事业管理部门珍贵的数据资源，唯有构建公共事业管理的信息化平台，利用先进的技术达成信息资源共享，把有关信息归纳梳理为有用的数据，且对这些数据进行科学、系统的剖析，另外把各个发展阶段的数据加以横向、纵向联系和对比，才可以确保数据的实用性，为有关决策提供科学依据。

当前，依据中国共产党第十六届三中全会上确定的政府变革内容，中国政府在信息技术应用方面，已实现了政府信息化与电子政务的全面发展。对于电子政务的前进态势，人们已能客观地分析与归纳，可以意识到构建过程中取得的成绩与存在的问题。此过程不是自行进行的，需要依托在群众、社会、政府机构间构建起来的服务体系推动进行。当前时期的政府流程重组是在已有管理形式基础上，将提升办公效率与群众满意水平作为中心，运用流程重组措施，建立前台政府政务模型与后台信息化智能解决平台，对政务办理过程加以再造，保证后台各个政府组织的支持。政府流程重组是信息技术运用过程中非常重要的节点，要求政务信息公开，以政务为核心，提供一站式服务，此也是提升服务质效的内在需求。为此，电子政务的构建和政府业务流程重组应当同步实施，业务流程应当以群众满意为宗旨，以政务为核心，打破职能机构界限，依据电子政务的原理科学、高效地重组。

我国公共事业管理信息化要有进一步的发展，一定要注重信息化关键竞争优势的培养，基于人性化的高质量服务是提升关键竞争优势的关键，唯有提供高效、全面的公共事业管理服务，才能提高群众的满意水平。在公共事业管理中，可以尝试性地学习国内在信息化建设方面取得成功经验的企业或者其他国家公共事业管理信息化的成功经验等，实施品牌服务策略，应当将电商、社区信息化、政府信息化、电子政务视为重心，推出业务结构和应对措施一体的品牌服务，特别是要推出差异化、高效化、深入化的服务。

公共事业管理对于我国经济社会稳定发展和建设社会主义和谐社会发挥着不可忽视的作用。在公共事业管理领域，中国政府始终将管理创新作为推动力，为公共事业管理发展营造优良的环境。目前，国内公共事业管理依旧存有很多问题，依旧需要持续深入的进行公共事业管理变革。在此背景下，推动公共事业管理的信息化已经成为深化公共事业管理改革的重要内容。面对不断变化的内外部环境，我们对于信息化环境下公共事业管理的发展路径的探索与思考，必须通过后续的研究逐渐不断地深入。

参考文献

[1] 彭泽华 . 我国情报学理论研究中知识化倾向评析 . 情报科学，2005，23（2）：179-182.

[2] 王松俊，霍忠文 . 关于情报学理论的研究现状一些基本问题探讨 . 情报理论与实践，2004，27（1）：15-16.

[3] 符福桓 . 我国情报学理论体系建设的伟大成就 . 情报理论与实践，2006，29（4）：120-123.

[4] 赵陶丽 . 药房自动化是医院药房发展的必然趋势 [J]. 首都医药，2009.

[5] 王冬梅 . 唐江 . 药房自动化是医院药房发展的必然趋势 [J]. 甘肃医药，2012.

[6] 徐晓阳 . 触发器在 SQL Server 数据库开发中的应用 [J]. 电脑开发与应用，2005.

[7] 王浩 . 自动药房软件系统设计与实现 [D]. 苏州：苏州大学，2008.

[8] 叶露阳 . 基于 Web 的学生管理信息系统的分析和设计 [D]. 厦门大学，2014.

[9] 杨洁 . 学生信息管理系统的研究 [D]. 南昌大学，2018.

[10] 薛耀伟 . 基于 Django 框架管理界面自动生成模块的设计与实现 [D]. 哈尔滨工业大学，2014.

[11] 王海洋 . 企业级 WEB 前端 MVC 框架设计 [D]. 电子科技大学，2014.

[12] 吴冬 . 基于 web 的个性化书籍商城系统的设计与实现 [D]. 厦门大学，2017.

[13] 蒋孝明 . 基于 LINQ 的人事档案管理系统的设计与实现 [J]. 计算机与现代化，2014（3）：69-72.

[14] 王培吉，赵玉琳，吕剑峰 . 基于 Apriori 算法的关联规则数据挖掘研究 [J]. 统计与决策，2011（23）：19-21.

[16] 崔海福，何贞铭，王宁 . 大数据在石油行业中的应用 [J]. 石油化工自动化，2016(2)：43-45.

[17] 郑晓莲 . 各个行业企业开展"互联网＋培训"的探讨 [J]. 各个行业教育，2016(02).

[18] 檀朝东，陈见成，刘志海，等 . 大数据挖掘技术在石油工程的应用前景展望 [J]. 中国石油和化工，2015（1）：49-51.

[19] 李智鹏，许京国，焦涛，等 . 如何运用大数据技术优化石油上游产业 [J]. 石油工业计算机应用，2015（1）：8-12.